가나다 Korean for Chinese

轻松学韩语

初级 1

가나다 韩国语补习班　编著

罗远惠　译

北京大学出版社

北　京

版权登记号：01-2003-5962

图书在版编目（CIP）数据

轻松学韩语.初级1 / 가나다 韩国语补习班编著；罗远惠译. —北京：北京大学出版社，2004.11

ISBN 978-7-301-07924-9

Ⅰ.轻… Ⅱ.①韩… ②罗… Ⅲ.朝鲜语－教材 Ⅳ.H55

中国版本图书馆 CIP 数据核字(2004)第 109546 号

本书获得韩国LANGUAGE PLUS授权在中华人民共和国境内（不包括香港、澳门特别行政区及台湾地区）出版发行

가나다 한국어 학원
☎ 02-332-6003/Fax 02-332-6004
http://www.ganadakorean.com
ganada@ganadakorean.com

GANADA KOREAN LANGUAGE INSTITUTE is the first Korean Language Institute in Korean since 1991, to be the only qualified, private school dedicated exclusively to Korean language education.
<가나다 KOREAN> was created by GKLI's staffs.

书　　　　名：	轻松学韩语（初级1）
著作责任者：	가나다 韩国语补习班 编著　罗远惠 译
责 任 编 辑：	杜若明
标 准 书 号：	ISBN 978-7-301-07924-9/H·1187
出 版 发 行：	北京大学出版社
地　　　　址：	北京市海淀区成府路 205 号　100871
网　　　　址：	http: //www.pup.cn
电　　　　话：	邮购部 62752015　发行部 62750672　编辑部 62753334　出版部 62754962
电 子 邮 箱：	zpup@pup.pku.edu.cn
印　　刷　者：	北京宏伟双华印刷有限公司
经　　销　者：	新华书店

787 毫米×1092 毫米　16 开本　14 印张　320 千字
2004 年 11 月第 1 版　2019 年 11 月第 28 次印刷

定　　价：38.00 元

未经许可，不得以任何方式复制或抄袭本书之部分或全部内容。
版权所有，侵权必究　举报电话：010-62752024
电子邮箱：fd@pup.pku.edu.cn

머리말

한국은 그 동안 사회 여러 부문에서 발전을 거듭하여 이제는 세계 속에서 그 위치와 역할을 주목받는 단계에까지 이르게 되었습니다. 이에 따라 한국말을 배우고자 하는 외국인이나 재외 한국인들의 수요도 날로 늘어나고 있습니다.

가나다 한국어 학원(구 연세 한국어 학원)은 이런 시대적 흐름에 따라 대학 기관에서 한국어 교수 경험이 풍부한 강사진들이 주축이 되어 설립된 국내 유일한 한국어 전문 학원입니다. 설립 이래 효과적인 교재 및 교수법 개발을 위해 매진해 왔으며, 이제 그간의 성과를 바탕으로 시사에듀케이션의 후원에 힘입어 한국어 시리즈를 펴내게 되었습니다.

가나다 한국어 학원의 한국어 시리즈는 체계적이고 효율적인 학습을 위해 어휘와 유형의 난이도, 사용 빈도에 따라 구성되었고, 실생활과 한국의 문화를 내용으로 다루었습니다. 초급 1, 2는 기본적인 한국어의 발음과 어휘, 유형을 중심으로 구성되어 있습니다. 중급 1, 2는 좀더 다양한 어휘와 유형을 중심으로 짜여져 있습니다. 그리고 고급 1, 2는 전문적으로 한국어를 학습하고자 하는 분들을 위해 한국의 역사, 문화, 사회뿐만 아니라 시사 문제도 다루었습니다. 그리고 다양한 모국어를 가진 분들이 이 교재에 쉽게 접근할 수 있도록 중국어판과 영어판, 일본어판 모두 세 종류로 출간하였습니다.

그간의 경험을 모아 펴내는 이 책이 한국어를 배우고자 하는 분들뿐만 아니라 가르치고자 하는 분들에게도 좋은 길잡이가 되기를 바라며, 저희 집필진은 앞으로도 한국어 교육의 발전을 위해 끊임없이 노력할 것을 약속드립니다.

끝으로 방만한 자료가 책으로 결실을 맺게 도와 주신 시사에듀케이션의 엄호열 사장님과 권혁환 상무님, 송미혜 부장님, 번역을 해 주신 라원혜 선생님께 깊은 존경과 감사를 드립니다.

1997년 11월
가나다 한국어학원 교재 연구부

일러두기

　이 책은 한국어를 전혀 모르는 외국인이나 재외 한국인을 대상으로 가나다 한국어 학원의 학사 일정에 맞춰 구성되어 있습니다.
　먼저 한국어의 모음과 자음, 받침 발음, 그리고 글자의 짜임이 소개되어 있습니다.
　그리고 본문은 모두 25과로 되어 있고, 각 과마다 4개의 기본 대화로 이루어져 있습니다. 대화의 새 단어는 기출 단어만을 제외하고 실었습니다.
　문법은 학생들이 쉽게 이해하고, 활용할 수 있도록 의미와 사용 방법, 사용상의 제약 등이 설명되어 있고, 이해를 돕기 위해 보기 문장도 실었습니다.
　유형 연습은 중요 문법을 연습하기 위해 문장 만들기와 응답 연습으로 구성되어 있고, 앞에는 보충 단어도 소개했습니다.
　그리고 각 5과마다 읽기, 쓰기, 듣기 연습을 넣어 배운 어휘와 유형을 다양하게 연습할 수 있도록 했습니다.
　그리고 말하기와 듣기 능력을 제고하기 위해 부록으로 테이프를 제작했는데, 이것은 기본 대화와 유형 연습, 듣기 연습으로 구성되어 있습니다.

발음	发音	1
회화	会话	13
제1과	안녕하십니까?	15
제2과	요즘 어떻게 지내십니까?	21
제3과	제 이름은 김진수입니다.	27
제4과	저분은 누구입니까?	33
제5과	한국말을 배우십니까?	39
Review		44

읽기 연습 1 **阅读练习 1** / 44
읽기 연습 2 **阅读练习 2** / 46
쓰기 연습 **运用练习** / 48
듣기 연습 **听力练习** / 50

제6과	사과가 있습니까?	51
제7과	어디에 가십니까?	57
제8과	언제 한국에 오셨습니까?	63
제9과	어느 나라에서 오셨습니까?	69
제10과	한국말 공부가 어떻습니까?	73
Review		77

읽기 연습 1 **阅读练习 1** / 77
읽기 연습 2 **阅读练习 2** / 79
쓰기 연습 **运用练习** / 81
듣기 연습 **听力练习** / 84

제11과	날마다 몇 시간 일하십니까?	85
제12과	지금 몇 시입니까?	91
제13과	내일 다시 전화하겠습니다.	95
제14과	도서관에 공부하러 갑니다.	101
제15과	몇 시부터 몇 시까지 공부합니까?	107

Review 112
    읽기 연습 1　阅读练习 1/ 112
    읽기 연습 2　阅读练习 2 / 114
    쓰기 연습　运用练习 / 116
    듣기 연습　听力练习 / 119

제 16 과　남대문 시장이 어디에 있습니까? 121
제 17 과　토요일과 일요일에는 가지 않습니다. 127
제 18 과　어렵기 때문에 읽지 않습니다. 133
제 19 과　주말에 뭘 하려고 합니까? 139
제 20 과　운동을 좋아하십니까? 145
Review 150
    읽기 연습 1　阅读练习 1/ 150
    읽기 연습 2　阅读练习 2 / 152
    쓰기 연습　运用练习 / 154
    듣기 연습　听力练习 / 156

제 21 과　지금 무엇을 하고 있습니까? 157
제 22 과　누구한테서 편지를 받았습니까? 161
제 23 과　한국 텔레비전을 보세요? 167
제 24 과　이 옷이 얼마예요? 173
제 25 과　어디로 갈까요? 179
Review 185
    읽기 연습 1　阅读练习 1/ 185
    읽기 연습 2　阅读练习 2 / 188
    쓰기 연습　运用练习 / 190
    듣기 연습　听力练习 / 192

부록　附录 195
   ●연습문제 해답 197
   ●단어 색인 208
   ●Review 단어 색인 216

발 음

发 音

교실 용어 **课堂用语**

- 들으십시오. 请听。
- 다시 들으십시오. 请再听一遍。
- 듣고 따라하십시오. 请跟着念。
- 듣고 대답하십시오. 请听后回答问题。
- 질문하십시오. 请提问。
- 공부를 시작하겠습니다. 现在开始上课。
- 읽으십시오. 请念。
- 쓰십시오. 请写。
- 책을 보십시오. 请看书。
- 책을 보지 마십시오. 请不要看书。
- 한 번 더 말해 주십시오. 请再说一遍。
- 단어를 외우십시오. 请背单词。
- 문장을 만드십시오. 请造句。
- 한국말로 말하십시오. 请用韩国语讲。
- 아시겠습니까? 懂了吗？
  - 네, 알겠습니다. 是, 懂了。
  - 아니오, 모르겠습니다. 不, 不懂。
- 질문이 있습니까? 有问题吗？
  - 네, 있습니다. 有问题。
  - 아니오, 없습니다. 不, 没有问题。
- 쉬십시오. 休息一会儿。
- 수고하셨습니다. 辛苦了。
- 내일 만납시다. 明天见吧。

인사말 问候语

- 안녕하십니까? 您好吗? / 您好。
- 안녕히 가십시오. 再见。(主人语)
- 안녕히 계십시오. 再见。(客人语)
- 요즘 어떻게 지내십니까? 最近过得怎么样?
- 또 만납시다. 再见。
- 주말에 잘 지내십시오. 祝周末愉快!
- 안녕히 주무십시오. 晚安。
- 실례합니다. 对不起。
- 고맙습니다. / 감사합니다. 谢谢。
- 미안합니다. / 죄송합니다. 对不起。
- 괜찮습니다. 没关系。
- 천만에요. 哪里, 哪里。/ 哪儿的话。
- 처음 뵙겠습니다. 初次见面。
- 제 이름은 _____입니다.   我叫 _____。
- 오래간만입니다. 好久不见了。
- 반갑습니다. 见到你很高兴。
- 많이 잡수십시오. 请多吃点儿。
- 잘 먹겠습니다. 谢谢, 不客气了。(就餐开始时, 被邀请者对邀请者所说的客套话)
- 어서 오십시오. 请进, 欢迎。
- 오늘 즐거웠습니다. 今天很高兴。

한 글

　　韩国文叫'한글'。是15世纪在世宗大王"让人人都易学"的提议下创造的一种文字。在当时，有17个辅音，11个元音，而现在使用的文字共有24个，其中辅音14个，元音10个。韩国语的辅音字母是根据唇、舌、喉等发音器官的动作而创制的，元音字母是根据"阴阳说"用天、地、人的形状创制的。

　　'한글'是辅音和元音相结合而创造的表音文字，其结构方式如下：

元音	⇨ 아
辅音 + 元音	⇨ 가
辅音 + 元音 + 辅音	⇨ 말
辅音 + 元音 + 辅音 + 辅音	⇨ 값

　　元音分为单元音和双元音。单元音在发音过程中发音器官保持不变，声音也不变。主要是根据舌的位置、高低，嘴唇的开合来区分的。单元音有'ㅏ, ㅐ, ㅓ, ㅔ, ㅗ, ㅚ, ㅜ, ㅟ, ㅡ, ㅣ'共10个。双元音在发音过程中由前一个元音过渡到后一个元音。双元音有'ㅑ, ㅒ, ㅕ, ㅖ, ㅘ, ㅙ, ㅛ, ㅝ, ㅞ, ㅠ, ㅢ'共11个。

　　单元音的发音示意图请参见以下图表。

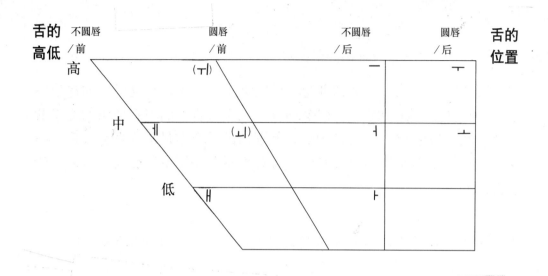

辅音根据发音部位和方法分类如下表：

发音方法	发音部位		双唇	舌尖上齿	舌面硬腭	舌根软腭	喉头
清	塞音	松音	ㅂ	ㄷ		ㄱ	
		紧音	ㅃ	ㄸ		ㄲ	
		送气音	ㅍ	ㅌ		ㅋ	
	塞擦音	松音			ㅈ		
		紧音			ㅉ		
		送气音			ㅊ		
	擦音	松音		ㅅ			ㅎ
		紧音		ㅆ			
浊	鼻音		ㅁ	ㄴ		ㅇ	
	边音				ㄹ		

1 모음 （元音）

字母	读音	名称	笔顺		
ㅏ	â	아 [â]	ㅣ	ㅏ	
ㅑ	jâ	야 [jâ]	ㅣ	ㅏ	ㅑ
ㅓ	ê	어 [ê]	ㅓ	ㅓ	
ㅕ	jê	여 [jê]	ㅡ	ㅡ	ㅕ
ㅗ	o	오 [o]	ㅣ	ㅗ	
ㅛ	jo	요 [jo]	ㅣ	ㅗ	ㅛ
ㅜ	u	우 [u]	ㅡ	ㅜ	
ㅠ	ju	유 [ju]	ㅡ	ㅜ	ㅠ
ㅡ	î	으 [î]	ㅡ		
ㅣ	i	이 [i]	ㅣ		

2 자음 （辅音）

字母	读音	名称	笔顺		
ㄱ	k	기역 〔kijêk〕	ㄱ		
ㄴ	n	니은 〔niîn〕	ㄴ		
ㄷ	t	디귿 〔tigît〕	ㅡ	ㄷ	
ㄹ	r	리을 〔riîl〕	ㄱ	ㄹ	ㄹ
ㅁ	m	미음 〔miîm〕	ㅣ	ㄲ	ㅁ
ㅂ	p	비읍 〔piîp〕	ㅣ	ㅐ	ㅂ
ㅅ	s	시옷 〔siot〕	ノ	ㅅ	
ㅇ	g	이응 〔iîg〕	ㅇ		
ㅈ	c	지읒 〔ciît〕	ㄱ	ㅈ	
ㅊ	ch	치읓 〔chiît〕	ㅡ	ㅊ	ㅊ
ㅋ	kh	키읔 〔khiîk〕	ㄱ	ㅋ	
ㅌ	th	티읕 〔thiît〕	ㅡ	ㅌ	ㅌ
ㅍ	ph	피읖 〔phiîp〕	ㅡ	ㅍ	ㅍ
ㅎ	h	히읗 〔hiît〕	ㅡ	ㅎ	ㅎ

■ 韩文的基本笔顺为：从左到右，从上到下。

3 글자의 짜임 (基本字母表)

가	야	거	겨	고	교	구	규	그	기
나	냐	너	녀	노	뇨	누	뉴	느	니
다	댜	더	뎌	도	됴	두	듀	드	디
라	랴	러	려	로	료	루	류	르	리
마	먀	머	며	모	묘	무	뮤	므	미
바	뱌	버	벼	보	뵤	부	뷰	브	비
사	샤	서	셔	소	쇼	수	슈	스	시
아	야	어	여	오	요	우	유	으	이
자	쟈	저	져	조	죠	주	쥬	즈	지
차	챠	처	쳐	초	쵸	추	츄	츠	치
카	캬	커	켜	코	쿄	쿠	큐	크	키
타	탸	터	텨	토	툐	투	튜	트	티
파	퍄	퍼	펴	포	표	푸	퓨	프	피
하	햐	허	혀	호	효	후	휴	흐	히

읽어 보기 语音训练　　　　　　　　　발음

1) | ㅏ, ㅑ, ㅓ, ㅕ, ㅗ, ㅛ, ㅜ, ㅠ, ㅡ, ㅣ |

아이, 아우, 야유, 여우, 여유, 오이, 우유, 이유

2) | ㄱ, ㄴ, ㄷ, ㄹ, ㅁ, ㅂ, ㅅ, ㅇ, ㅈ, ㅊ, ㅋ, ㅌ, ㅍ, ㅎ |

ㄱ: 거기, 고가, 고기, 아가, 아기, 야구, 여기, 이야기
ㄴ: 나, 너, 나이, 누구, 누나, 어느, 오누이
ㄷ: 가다, 구두, 두유, 어디, 오다, 드디어
ㄹ: 거리, 고려, 다리, 오리, 요리, 우리, 기러기
ㅁ: 나무, 머리, 미리, 아마, 고구마, 다리미, 어머니
ㅂ: 나비, 두부, 바다, 바보, 보리, 부모, 어부, 바나나
ㅅ: 교수, 미소, 버스, 서로, 수도, 고사리, 소나기
ㅈ: 모자, 바지, 부자, 저기, 조사, 아버지, 아주머니
ㅊ: 차비, 주차, 추수, 치마, 치즈, 유자차
ㅋ: 키, 켜다, 쿠키, 크다, 커지다, 코코아, 크리스마스
ㅌ: 버터, 타다, 타조, 투고, 투수, 도토리, 타자기
ㅍ: 표, 커피, 파리, 포도, 피리, 스포츠, 피아노
ㅎ: 하나, 하루, 허리, 호수, 휴가, 휴지, 허수아비

3) | ㅐ, ㅒ, ㅔ, ㅖ, ㅘ, ㅙ, ㅚ, ㅝ, ㅞ, ㅟ, ㅢ |

ㅐ: 애, 개, 배, 새, 해, 개미, 노래, 야채, 지우개
ㅒ: 얘, 걔, 얘기
ㅔ: 에, 네, 가게, 세수, 주제, 메아리, 테두리
ㅖ: 예, 폐, 세계, 시계, 예배

9

ㅘ: 과자, 좌우, 치과, 화가, 화제, 교과서, 하와이
ㅙ: 왜, 돼지, 유쾌하다
ㅚ: 뇌, 과외, 교외, 외과, 외부, 회사, 쇠고기
ㅝ: 뭐, 더워요, 추워요, 고마워요
ㅞ: 궤도, 웨이브, 웨이터
ㅟ: 귀, 뒤, 쥐, 위, 더위, 쉬다, 추위, 취미
ㅢ: 의리, 의미, 의사, 의자, 의지
　　고의로, 회의, 부주의
　　아이의 모자, 어머니의 구두, 나의 미래

4) ㄲ, ㄸ, ㅃ, ㅆ, ㅉ

까 꺄 꺼 껴 꼬 꾜 꾸 뀨 끄 끼
따 땨 떠 뗘 또 뚀 뚜 뜌 뜨 띠
빠 뺘 뻐 뼈 뽀 뾰 뿌 쀼 쁘 삐
싸 쌰 써 쎠 쏘 쑈 쑤 쓔 쓰 씨
짜 쨔 쩌 쪄 쪼 쬬 쭈 쮸 쯔 찌

ㄲ: 까치, 꼬마, 꼬리, 꾸러미, 끄다, 토끼, 까마귀
ㄸ: 또, 또래, 뜨다, 머리띠, 따르다, 따라하다
ㅃ: 뿌리, 삐다, 아빠, 오빠, 빠르다, 뻐꾸기
ㅆ: 싸다, 쓰다, 아가씨, 아저씨, 싸우다, 이쑤시개
ㅉ: 가짜, 버찌, 짜다, 짜리, 찌개, 찌다, 찌꺼기

5) 받침 (收音)

(1) 所有的辅音都可作收音用，但发音只有七种。

收音	发音
ㄱ, ㅋ, ㄲ	[k]
ㄴ	[n]
ㄷ, ㅅ, ㅆ, ㅈ, ㅊ, ㅌ, ㅎ	[t]
ㄹ	[l]
ㅁ	[m]
ㅂ, ㅍ	[p]
ㅇ	[ŋ]

ㄱ: 약, 책, 가곡, 가족, 대학, 미국, 부엌, 저녁, 밖
ㄴ: 눈, 돈, 산, 사진, 언니, 친구, 도서관, 자전거
ㄷ: 곧, 맛, 멋, 붓, 옷, 거짓, 낮, 꽃, 낯, 밭
ㄹ: 길, 말, 쌀, 가을, 교실, 달력, 서울, 일본, 불고기
ㅁ: 봄, 감기, 그림, 김치, 사람, 서점, 이름, 인삼, 점심
ㅂ: 납, 집, 입, 컵, 아홉, 일곱, 앞, 옆, 숲
ㅇ: 강, 방, 빵, 고향, 공장, 냉면, 동생, 선생님, 운동장

(2) 겹받침 (双收音)

① 在双音节中， 音节的最后或后面出现辅音时， 只发其中一个有代表性收音的发音。

몫 [목]　　　앉다 [안따]
흙 [흑]　　　읽다 [익따]　　　젊다 [점따]
여덟 [여덜]　　넓다 [널따]　　　밟다 [밥따]

외곬〔외골〕　　핥다〔할따〕　　읊다〔읍따〕
값〔갑〕　　없다〔업따〕

② 在双音节中，后面出现的是元音时，与元音相结合，两个音都发。即出现连音现象。

앉아서〔안자서〕　　앉으세요〔안즈세요〕
읽으면〔일그면〕　　읽어요〔일거요〕
삶아서〔살마서〕　　밟으니까〔발브니까〕
핥아서〔할타서〕　　읊으니까〔을프니까〕

회화

会话

제 1 과

안녕하십니까?

제임스 :	안녕하십니까?
杰姆斯 :	您好吗?

은주 :	네, 안녕하십니까?
银珠 :	欸, 您呢?

제임스 :	안녕히 계십시오.
杰姆斯 :	再见。

은주 :	안녕히 가십시오.
银珠 :	再见。

 生词

안녕하다	好，平安（问候语）
네	是
안녕히	好好地，平安地
계시다	在（'있다'的敬语）
가다	去，走

注释

'안녕히 계십시오'和'안녕히 가십시오'都是"再见"的意思。'안녕히 계십시오'为离开时用语。直译为"好好地在吧"。'안녕히 가십시오'为送人时用语，直译为"好好地走吧"。

 语法

종결 어미 终结词尾

在句子中与谓语一起出现在句末的词尾叫终结词尾。它用于动词、形容词的词干后，随词干的末音节（即有无收音）有所不同。根据说话者的意图可分为：陈述形、疑问形、命令形和共同形四种。但绝大多数的形容词没有命令形和共同形（个别除外）。

	（词干的最后）没有收音时	（词干的最后）有收音时
陈述形	ㅂ니다	습니다
疑问形	ㅂ니까	습니까
命令形	십시오	으십시오
共同形	ㅂ시다	읍시다

1) 서술형 종결 어미   陈述形终结词尾

用于陈述。跟在谓词词干后，当谓词词干有收音时用'～습니다'，没收音时用'～ㅂ니다'。

오다 : 오 + ㅂ니다 → 옵니다
읽다 : 읽 + 습니다 → 읽습니다

> **보기**
> 학교에 갑니다.   去学校。
> 친구를 만납니다.   见朋友。
> 밥을 먹습니다.   吃饭。

2) 의문형 종결 어미   疑问形终结词尾

用于提问。跟在谓词词干后，当谓词词干有收音时用'～습니까'，没收音时用'～ㅂ니까'。

사다 : 사 + ㅂ니까 → 삽니까
먹다 : 먹 + 습니까 → 먹습니까

> **보기**
> 어디에 갑니까?   去哪儿?
> 무엇을 마십니까?   喝什么?
> 신문을 읽습니까?   看报吗?

3) 명령형 종결 어미   命令形终结词尾

用于命令或劝告别人从事某一活动，一般与动词连用，相当于汉语的"请您……"。谓词词干有收音时用'～으십시오'，没有收音时用'～십시오'。

쓰다 : 쓰 + 십시오 → 쓰십시오
입다 : 입 + 으십시오 → 입으십시오

> **보기**
> 한국말로 하십시오.   请用韩语讲。
> 잠깐만 기다리십시오.   请等一会儿。
> 여기에 앉으십시오.   请坐这儿。

~(으)시 ~

尊敬词尾。用于谓词词干后，表示说话者对该动作的行动者表示尊敬，但不能用于说话者自己。谓词词干有收音时用'으시'，没有收音时用'시'。

가다: 가 + 시 + ㅂ니다 → 가십니다
읽다: 읽 + 으시 + ㅂ니다 → 읽으십니다

보기	어머니가 사진을 보십니다.	妈妈在看照片。
	선생님이 책을 읽으십니다.	老师在看书。
	다시 전화하십시오.	请再打次电话。

注释

汉语的词没有词尾的变化，主要靠语序来表示每个词在句中的地位和语法功能。而韩国语则是靠词尾来表示每个词在句中的地位和语法功能。尤其是动词和形容词不能单独出现，必须和词尾同时使用。即使在词汇表或词典中出现的动词和形容词也不例外。例：

	词干（词的原形）	词尾
안녕하다 好、平安	→ 안녕하	+ 다
가다 去	→ 가	+ 다

韩国语的词尾很丰富，有书面语和口语之分，还有敬体。因此在学习中应多加注意，在生活中多去体会。

 模仿练习

보충 단어 补充生词

| 읽다 | 念，读 | 오다 | 来 |
| 사다 | 买 | 공부하다 | 学习功课 |

제1과 안녕하십니까?

입다	穿	먹다	吃
보다	看	쓰다	写
배우다	学习	마시다	喝
만나다	见面，遇见	앉다	坐
기다리다	等	잡수시다	吃（敬语）
주무시다	睡（敬语）	운동하다	运动
자다	睡	타다	坐（车）

1. _____(스)ㅂ니다.

   > 보기   가다 → 갑니다.   읽다 → 읽습니다.

   1) 오다
   2) 자다
   3) 공부하다
   4) 입다
   5) 먹다

2. 가 : _____ (스)ㅂ니까?
   나 : 네, _____(스)ㅂ니다.

   > 보기   보다 → 가 : 봅니까?
   >   나 : 네, 봅니다.

   1) 쓰다
   2) 배우다
   3) 마시다
   4) 먹다
   5) 읽다

3. _____(으)십니까?

> 보기   만나다 → 만나십니까?   앉다 → 앉으십니까?

1) 사다
2) 기다리다
3) 읽다
*4) 잡수시다
*5) 주무시다

4. 가 : _____(으)십니까?
   나 : 네, _____(스)ㅂ니다.

> 보기   공부하다 → 가 : 공부하십니까?
>   나 : 네, 공부합니다.

1) 보다
2) 읽다
3) 운동하다
*4) 잡수시다 / 먹다
*5) 주무시다 / 자다

5. _____(으)십시오.

> 보기   쓰다 → 쓰십시오

1) 타다
2) 기다리다
3) 읽다
4) 앉다
5) 잡수시다

제 2 과

요즘 어떻게 지내십니까?

| 재호 | : | 요즘 어떻게 지내십니까? |
| 载镐 | : | 最近过得怎么样? |

| 량위링 | : | 잘 지냅니다. |
| 梁玉玲 | : | 很好。 |

| 재호 | : | 부모님께서도 안녕하십니까? |
| 载镐 | : | 父母也很好吗? |

| 량위링 | : | 네, 안녕하십니다. |
| 梁玉玲 | : | 是的,很好。 |

 生词

| 요즘 | 最近 | 지내다 | 过 |
| 잘 | 好 | 부모님 | 父母 |

 语法

어떻게 怎么

疑问副词。询问方式、状态。相当于汉语的"怎么"。

보기	어떻게 합니까?	怎么做?
	이것을 어떻게 만들었습니까?	这个怎么做的?
	그 사람은 어떻게 생겼습니까?	那个人长得怎么样?

~께서

主格词尾。 是'~이/가'的敬语形。表示对行为主体的尊敬,但不能用于说话者自己。

보기	선생님께서 이야기하십니다.	老师讲故事。
	할아버지께서 오십니다.	爷爷来了。
	아버지께서 신문을 읽으십니다.	爸爸在看报。

~도

也、又(请参照第6课语法)

模仿练习

보충 단어 补充生词

선생님	老师, 先生	사장님	社长, 总经理
~ 씨	跟在人名后, 常用于称呼	부장님	部长
교수님	教授	하다	做
가르치다	教	할아버지	爷爷
아버지 / 아버님	爸爸	어머니 / 어머님	妈妈
있다	有, 在	부인	夫人
남편	丈夫	아이	孩子
친구	朋友	아들	儿子
딸	女儿	동생	弟弟, 妹妹
학생	学生		

1. _____ , 요즘 어떻게 지내십니까?

> 보기 김 선생님 → 김 선생님, 요즘 어떻게 지내십니까?

   1) 장 사장님
   2) 정수미 씨
   3) 이영진 씨
   4) 마이클 씨
   5) 다나카 씨

2. 가 : _____, 요즘 어떻게 지내십니까?
   나 : 잘 지냅니다.

> 보기 오 선생님 → 가 : 오 선생님, 요즘 어떻게 지내십니까?
>   나 : 잘 지냅니다.

1) 야마다 씨
2) 이 부장님
3) 최 교수님
4) 양지호 씨
5) 김윤미 씨

3. 잘 _____(스)ㅂ니다.

> 보기 하다 → 잘합니다.

1) 자다
2) 쓰다
3) 가르치다
4) 먹다
5) 읽다

4. 가 : _____께서도 안녕하십니까?
   나 : 네, 안녕하십니다.

> 보기 부모님 → 가 : 부모님께서도 안녕하십니까?
>   나 : 네, 안녕하십니다.

1) 할아버지
2) 선생님
3) 사장님
4) 아버지
5) 어머니

5. 가 : _____께서도 안녕하십니까?
   나 : 네, 잘 있습니다.

   > 보기   부인 → 가 : 부인께서도 안녕하십니까?
   >   나 : 네, 잘 있습니다.

   1) 남편

6. 가 : _____도 잘 있습니까?
   나 : 네, 잘 있습니다.

   > 보기   아이 → 가 : 아이도 잘 있습니까?
   >   나 : 네, 잘 있습니다.

   1) 친구
   2) 아들
   3) 딸
   4) 동생
   5) 학생

가족(家人)

제 3 과

제 이름은 김진수입니다.

스즈키	:	저는 스즈키입니다.
铃木	:	我是铃木。
진수	:	제 이름은 김진수입니다.
珍秀	:	我叫金珍秀。
스즈키	:	처음 뵙겠습니다.
铃木	:	初次见面。
진수	:	반갑습니다.
珍秀	:	（见到您）很高兴。

 生词

| 이름 | 名字 | 처음 | 初次 |
| 뵙다 | 拜见 | 반갑다 | 高兴 |

 语法

~는/은

添意词尾。在文章中表示强调。常与主语结合使用，但有时也与宾语、补语、副词等一起出现。有收音的名词（体词）后用'~은'，无收音的体词后用'~는'。

> 보기 저는 한국말 선생입니다.　　我是韩国语老师。
> 　　　이것은 교과서입니다.　　　这是教科书。
> 　　　오늘은 비가 옵니다.　　　　今天下雨了。

~이다 是

体词（名词）的谓词形，即名词动词化，相当于汉语的判断动词"是"。

> 보기 저는 김영수입니다.　　　我是金英秀。
> 　　　저것은 문입니다.　　　　那是门。
> 　　　이것은 책상입니까?　　　这是桌子吗?

제3과 제 이름은 김진수입니다.

저

第一人称代名词'나'的自谦语。'저, 나'和主格词尾'~가'相结合时变为'제'和'내'。

보기	저는 학생입니다.	我是学生。
	저는 미국 사람입니다.	我是美国人。
	제가 그 일을 하겠습니다.	我来做那件事。

제

为'저의'的缩略形，用在名词前表示自己所有，相当于汉语的"我的"。 尊敬对方时用'제'，在朋友或晚辈面前用'내'。

보기	제 책입니다.	是我的书。
	여기가 제 방입니다.	这儿是我的房间。
	이것은 내 가방입니다.	这是我的包。

 模仿练习

보충 단어 补充生词

한국 사람	韩国人	시계	钟表
구두	皮鞋	미국 사람	美国人
회사원	公司职员	책상	桌子
의자	椅子	일본 사람	日本人
중국 사람	中国人		

1. _____입니다.

   > 보기 한국 사람 → 한국 사람입니다.

   1) 어머니
   2) 아이
   3) 동생
   4) 시계
   5) 구두

2. 가 : _____입니까?
   나 : 네, _____입니다.

   > 보기 미국 사람 → 가 : 미국 사람입니까?
   >   나 : 네, 미국 사람입니다.

   1) 학생
   2) 회사원
   3) 아버지
   4) 책상
   5) 의자

3. 저는 _____입니다.

   > 보기 학생 → 저는 학생입니다.

   1) 정수미
   2) 이지영
   3) 회사원

4) 일본 사람

5) 중국 사람

4. 제 이름은 _____입니다.

> 보기 김영식 → 제 이름은 김영식입니다.

1) 이영진

2) 마이클

3) 스즈키

4) 프랑스와즈

5) 량위링

5. 가 : 처음 뵙겠습니다. 제 이름은 _____입니다.
   나 : 반갑습니다. 저는 _____입니다.

> 보기 정수미 / 이영진
>   → 가 : 처음 뵙겠습니다. 제 이름은 정수미입니다.
>   나 : 반갑습니다. 저는 이영진입니다.

1) 야마다 / 김경수

2) 톰 / 다나카

3) 박정수 / 마이클

4) 최유진 / 히로코

5) 리밍웬 / 이영주

제 4 과

저분은 누구입니까?

수잔	:	저분은 누구입니까?
秀灿	:	那位是谁?
짱쯔밍	:	제 아내입니다.
张志明	:	是我妻子。
수잔	:	이 아이는 누굽니까?
秀灿	:	这孩子是谁?
짱쯔밍	:	우리 딸입니다.
张志明	:	是我们的女儿。

 生词

| ~분 | ~位（指人） | 아내 | 妻子 |
| 아이 | 孩子 | 딸 | 女儿 |

 语法

이~/저~/그~ 这~/那~

是用于名词前的冠形词。所指示的人或事物离说话者近时用'이~'，离说话者和听者都远时用'저~'，离说话者远，听者近时用'그~'。

보기	이 방에서 기다리십시오.	请在这房间等吧！
	저 사람은 아주 친절합니다.	那个人非常热情。
	그 책을 읽고 싶습니다.	很想看那本书。

누구 谁

疑问代名词。在句子中用于问人，相当于汉语的"谁"。当它与主格词尾'~가'结合时变为'누가'。

보기	누구를 기다립니까?	等谁?
	누구의 가방입니까?	谁的包?
	누가 옵니까?	谁来?

우리 我们

第一人称的复数形。 相当于汉语的"我们"。

> 보기 우리가 하겠습니다.　　　　我们来做。
> 　　　여기가 우리 학교입니다.　 这儿是我们的学校。
> 　　　우리 집에 놀러 오십시오.　欢迎来我家玩。

 模仿练习

보충 단어 补充生词

그~	那~	책	书
옷	衣服	가방	包
여자	女人，女子	교실	教室
집	소	할머니	奶奶

1. _____은 / 는 누구입니까 ?

> 보기 저분 → 저분은 누구입니까 ?

1) 이분
2) 이 아이
3) 그 사람
4) 저 학생
5) 저 선생님

2. 제 _____입니다.

   > 보기 아내 → 제 아내입니다.

   1) 친구
   2) 동생
   3) 책
   4) 옷
   5) 가방

3. 가 : _____은/는 누구입니까?
   나 : 제 _____입니다.

   > 보기 이분 / 남편 → 가 : 이분은 누구입니까?
   >   나 : 제 남편입니다.

   1) 저분 / 아내
   2) 저 학생 / 친구
   3) 이분 / 여자 친구
   4) 그 아이 / 아들
   5) 그 사람 / 동생

4. 우리 _____입니다.

   > 보기 선생님 → 우리 선생님입니다.

   1) 부모님
   2) 아이
   3) 교실

4) 집

5) 회사

5. 가 : _____은/는 누구입니까?
   나 : 우리 _____입니다.

> 보기 이 아이 / 딸 → 가 : 이 아이는 누구입니까?
>   나 : 우리 딸입니다.

1) 저 아이 / 아들
2) 이분 / 선생님
3) 저분 / 사장님
4) 저분 / 할머니
5) 이분 / 어머니

과일(水果)

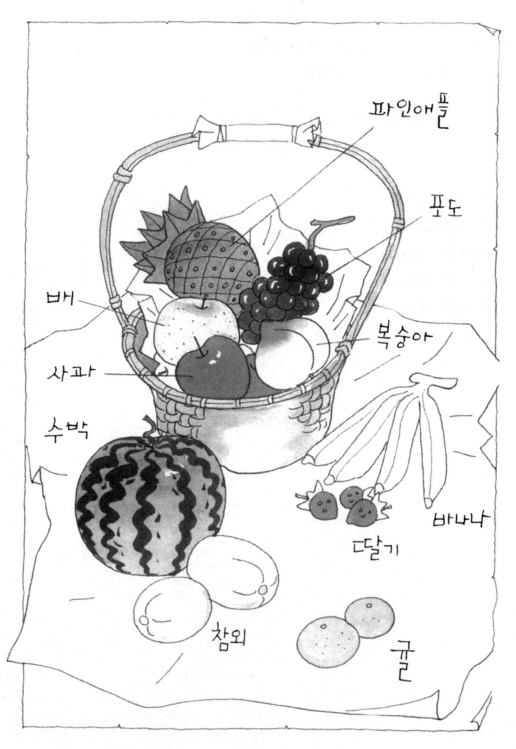

제 5 과

한국말을 배우십니까?

마크 : 이것이 무엇입니까?
马克 : 这是什么?

야마다 : 한국어 교과서입니다.
山田 : 这是韩国语教材。

마크 : 한국말을 배우십니까?
马克 : 您学韩国语吗?

야마다 : 네, 한국말을 배웁니다.
山田 : 是的, 我学韩国语。

 生词

한국말(한국어)　　韩国语，韩语　　　　　배우다　　学习
교과서　　　　　　课本

 语法

이것 / 저것 / 그것　这个/那个

　　指示代名词。所指的事物离说话者近时用'이것'，离说话者和听者都很远时用'저것'。离听者近、或已出现过的、已知道的事物时用'그것'。

　　보기　이것은 아주 좋습니다.　　这个很好。
　　　　　저것은 누구의 옷입니까?　那是谁的衣服？
　　　　　그것을 저에게 주십시오.　　那个给我。

~이 / 가

　　主格词尾。跟在体词后表示主语。体词有收音时用'~이'，无收音时用'~가'。

　　보기　자동차가 많습니다.　　　　汽车多。
　　　　　이것이 연필입니다.　　　　这是铅笔。
　　　　　그분이 우리 어머니입니다.　那位是我妈妈。

무엇　什么

疑问代名词。用于对不知道的事物进行询问，相当于汉语的"什么"。

> 보기　이것이 무엇입니까?　　　这是什么?
> 　　　무엇을 먹었습니까?　　　吃什么了?
> 　　　무엇을 좋아합니까?　　　喜欢什么?

~을/를

宾格词尾。用于体词后，其体词是谓词动作所涉及的对象，体词有收音时用'~을'，无收音时用'~를'。

> 보기　이 버스를 타십시오.　　　　　请上这辆公交车。
> 　　　저는 한국말을 공부합니다.　　　我学习韩国语。
> 　　　그 사람은 운동을 좋아합니까?　那个人喜欢运动吗?

 模仿练习

보충 단어　补充生词

냉장고	冰箱	사전	字典
안경	眼镜	공책	本子，笔记本
꽃	花	달력	日历
문	门	선물	礼物
지하철	地铁	불고기	烤肉
신문	报纸	편지	信
영어	英语	영화	电影
잡지	杂志		

1. _____이 / 가 무엇입니까?

   > 보기   이것 → 이것이 무엇입니까?

   1) 저것
   2) 그것

2. 가 : _____이 / 가 무엇입니까?
   나 : _____입니다.

   > 보기   이것 / 교과서 → 가 : 이것이 무엇입니까?
   >   나 : 교과서입니다.

   1) 이것 / 구두
   2) 저것 / 시계
   3) 저것 / 가방
   4) 그것 / 책상
   5) 그것 / 냉장고

3. 가 : _____이 / 가 무엇입니까?
   나 : _____은 _____입니다.

   > 보기   이것 / 그것 / 사전 → 가 : 이것이 무엇입니까?
   >   나 : 그것은 사전입니다.

   1) 이것 / 그것 / 안경
   2) 그것 / 이것 / 공책
   3) 그것 / 이것 / 꽃
   4) 저것 / 저것 / 달력
   5) 저것 / 저것 / 문

4. _____을 / 를 _____(스)ㅂ니다.

> 보기 친구 / 만나다 → 친구를 만납니다.

1) 선물 / 사다
2) 지하철 / 타다
3) 불고기 / 먹다
4) 신문 / 읽다
5) 운동 / 하다

5. 가 : _____을 / 를 _____(으)십니까?
   나 : _____을 / 를 _____(스)ㅂ니다.

> 보기 무엇 / 쓰다 / 편지 → 가 : 무엇을 쓰십니까?
>   나 : 편지를 씁니다.

1) 무엇 / 배우다 / 영어
2) 무엇 / 보다 / 영화
3) 무엇 / 읽다 / 잡지
4) 누구 / 기다리다 / 동생
5) 누구 / 만나다 / 사장님

REVIEW

Lesson1~Lesson5　　　　　　　　　　　　　제1과~제5과

 阅读练习 1

우리 가족

이분은 우리 아버지입니다.
교수입니다.
한국 역사를 가르칩니다.
바쁩니다.

우리 어머니입니다.
아주 예쁩니다.
요리를 잘하십니다.
우리는 어머니를 사랑합니다.

제 동생입니다.
중학생입니다.
공부를 잘합니다.
태권도도 잘합니다.
귀엽습니다.

단어　生词

| 가족 | 家族, 家人 | 역사 | 历史 |
| 바쁘다 | 忙 | 예쁘다 | 漂亮, 好看 |

요리하다	做菜	사랑하다	爱
중학생	中学生	남동생	弟弟
태권도	跆拳道	귀엽다	可爱

연습 문제 练习问题

1. 아버지는 무엇을 가르치십니까?

   _____

2. 어머니는 무엇을 잘합니까?

   _____

我的家

这位是我爸爸。
是教授。
他教韩国史。
他很忙。

这位是我妈妈。
她很漂亮。
很会做菜。
我们很爱她。

这是我的弟弟。
是中学生。
学习很好。
跆拳道也打得很好。
很可爱。

 阅读练习 2

소 개

존슨 : 김영수 씨, 안녕하십니까? 요즘 어떻게 지내십니까?
김영수: 잘 지냅니다. 존슨 씨도 잘 지내십니까?
존슨 : 네, 잘 지냅니다. 김영수 씨, 이분은 우리 선생님입니다.
박은선: 처음 뵙겠습니다. 제 이름은 박은선입니다.
　　　　한국말을 가르칩니다.
김영수: 저는 김영수입니다. 회사원입니다. 반갑습니다.
　　　　존슨 씨가 한국말을 열심히 공부합니까?
박은선: 네, 열심히 공부합니다.

단어 生词

소개	介绍	열심히	热心地, 认真地

연습 문제 练习问题

1. 김영수 씨는 요즘 어떻게 지냅니까?

   _____

2. 박은선 씨는 무엇을 가르칩니까?

   _____

3. 김영수 씨는 학생입니까?

   _____

介绍

琼　斯：金英秀先生，你好吗？最近过得怎么样？
金英秀：很好，你也过得好吗？
琼　斯：是的，我也过得很好。金英秀先生，这位是我的老师。
朴恩善：初次见面。我叫朴恩善，教韩国语的。
金英秀：我叫金英秀，是一家公司的职员。见到您很高兴。
　　　　琼斯学韩国语用功吗？
朴恩善：是的。他学习很努力。

 运用练习

1. 빈 칸을 채우십시오.

	~(스)ㅂ니다	~(으)십니까?	~(으)십시오
가다	갑니다	1)	2)
기다리다	3)	기다리십니까?	4)
공부하다	5)	6)	공부하십시오
읽다	읽습니다	7)	8)
먹다	9)	잡수십니까?	10)
자다	11)	12)	주무십시오

2. 알맞은 조사(词尾)를 고르십시오.

   1) 어머니(이, 가) 오십니다.

   2) 요즘 한국말(을, 를) 배웁니다.

   3) 저(은, 는) 대학생입니다.

   4) 구두(을, 를) 사십시오.

   5) 이것(은, 는) 무엇입니까?

   6) 친구(이, 가) 운동(을, 를) 합니다.

3. 그림을 보고 □을 채우십시오.

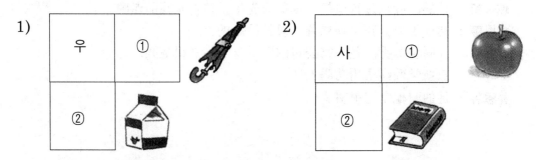

3)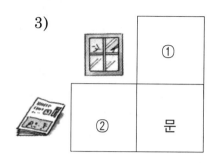

4)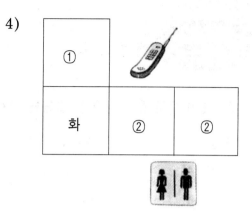

4. 목적어(宾语)와 동사(动词)를 알맞게 연결하십시오.

1) 버스를 ●   ● 봅니다.

2) 친구를 ●   ● 씁니다.

3) 편지를 ●   ● 합니다.

4) 커피를 ●   ● 탑니다.

5) 영화를 ●   ● 마십니다.

6) 노래를 ●   ● 만납니다.

 听力练习

1. 다음 단어들을 듣고 공통된 발음을 고르십시오.

   1) ① 지   ② 치   ③ 찌   (   )
   2) ① 어   ② 오   ③ 우   (   )
   3) ① 전   ② 점   ③ 정   (   )

2. 다음 문장을 듣고 문장 안에 있는 단어를 고르십시오.

   1) ① 아이   ② 오이   ③ 어이   (   )
   2) ① 잡니다   ② 찹니다   ③ 짭니다   (   )
   3) ① 곧   ② 꼭   ③ 꽃   (   )

3. 그림을 보고 그림과 같으면 ○, 다르면 ×를 하십시오.

   1) (   )
   2) (   )
   3) (   )

50

제 6 과

사과가 있습니까?

가게에서 （在店铺）

리사	:	사과가 있습니까?
丽莎	:	有苹果吗?
아주머니	:	네, 있습니다.
大妈	:	有。
리사	:	배도 있습니까?
丽莎	:	也有梨吗?
아주머니	:	아니오, 배는 없습니다.
大妈	:	不，没有梨。

 生词

사과	苹果	있다	有，在
가게	店铺	아주머니	伯母，大妈
배	梨	없다	没有

 语法

~도 也，又

添意词尾。用于体词和副词后，表示与前面所讲的相同，有时也表示强调。当与主格词尾'~이/가'、宾格词尾'~을/를'结合使用时，主格、宾格词尾省略。相当于汉语的"也、又"等。

보기　이것은 책입니다. 그것도 책입니다.
这是书，那也是书。

나는 한국말을 압니다. 중국말도 압니다.
我会韩国语，也会汉语。

학교에서 공부합니다. 집에서도 공부합니다.
在学校学习，在家也学习。

제6과 사과가 있습니까?

 模仿练习

보충 단어 补充生词

창문	窗户	담배	烟
연필	铅笔	약속	约会
시간	时间	볼펜	圆珠笔
운동화	运动鞋	돈	钱
냉면	冷面	맥주	啤酒
소주	烧酒	받다	收到，接到
카드	卡片	라디오	收音机
텔레비전	电视机	선풍기	电扇
에어컨	空调	언니	姐姐（女的用语）
오빠	哥哥（女的用语）	남동생	弟弟
여동생	妹妹		

1. _____이 / 가 있습니다.

   _____이 / 가 없습니다.

   > 신문 → 신문이 있습니다.
   >   신문이 없습니다.

   1) 창문
   2) 담배
   3) 연필
   4) 약속
   5) 친구

2. 가 : _____이 / 가 있습니까?
　 나 : 네, _____이 / 가 있습니다.
　　　 아니오, _____이 / 가 없습니다.

> **보기** 한국 친구 → 가 : 한국 친구가 있습니까?
> 　　　　　　　　 나 : 네, 한국 친구가 있습니다.
> 　　　　　　　　　　 아니오, 한국 친구가 없습니다.

1) 교과서
2) 사전
3) 안경
4) 시간
5) 아이

3. _____이 / 가 있습니다. _____도 있습니다.

> **보기** 교과서 / 사전 → 교과서가 있습니다. 사전도 있습니다.

1) 연필 / 볼펜
2) 책상 / 의자
3) 구두 / 운동화
4) 아들 / 딸
5) 시간 / 돈

4. _____을 / 를 _____(스)ㅂ니다.
　 _____도 _____(스)ㅂ니다.

> **보기** 한국말 / 배우다 / 영어 → 한국말을 배웁니다. 영어도 배웁니다.

1) 친구 / 만나다 / 동생
2) 선물 / 사다 / 꽃
3) 불고기 / 먹다 / 냉면
4) 맥주 / 마시다 / 소주
5) 편지 / 쓰다 / 카드

5. 가 : _____이 / 가 _____있습니까?
   나 : 네, _____이 / 가 _____있습니다.
   가 : _____도 있습니까?
   나 : 네, _____도 있습니다.
       아니오, _____은 / 는 없습니다.

> 보기 신문 / 잡지 → 가 : 신문이 있습니까?
>   나 : 네, 신문이 있습니다.
>   가 : 잡지도 있습니까?
>   나 : 네, 잡지도 있습니다.
>   아니오, 잡지는 없습니다.

1) 책 / 공책 (네)
2) 라디오 / 텔레비전 (아니오)
3) 선풍기 / 에어컨 (아니오)
4) 언니 / 오빠 (아니오)
5) 남동생 / 여동생 (네)

운동 (运动)

 축구를 하다

 농구를 하다

 야구를 하다

 수영을 하다

 태권도를 하다

 스키를 타다

 골프를 치다

 테니스를 치다

 탁구를 치다

제 7 과

어디에 가십니까?

다나카 :	어디에 가십니까?
田中 :	您去哪儿?

은주 :	시내에 갑니다.
银珠 :	去市内。

다나카 :	시내에서 무엇을 하십니까?
田中 :	去市内做什么?

은주 :	친구를 만납니다.
银珠 :	跟朋友见面。

 生词

시내	市内	친구	朋友
만나다	见面，遇见		

 语法

어디 哪儿

疑问代名词。询问地方、场所，相当于汉语的"哪儿"。

> 보기 어디에 갑니까?　　　　　去哪儿?
> 어디에서 일하십니까?　　　在哪儿工作?
> 병원이 어디에 있습니까?　 医院在哪儿?

~에

与格词尾。用在时间、场所的名词后，表示方向、时间、方位等。

> 보기 10시에 학교에 옵니다.　　　10点来学校。
> 일요일에도 회사에 갑니다.　　星期天也去公司上班。
> 내일 미국에 갑니다.　　　　　明天去美国。

~에서 在、从、自

位格词尾。用在表场所的名词后，表示动作进行的场所或动作的出发点。相当于汉语的"在~"、"从~"、"自~"。

제7과 어디에 가십니까?

보기	교실에서 공부합니다.	在教室学习。
	이것을 시장에서 샀습니다.	这个是在市场买的。
	그 여자는 은행에서 일합니다.	那位女的在银行工作。

 模仿练习

보충 단어 补充生词

부산	釜山（地名）	은행	银行
병원	医院	식당	食堂，饭店
우체국	邮局	하숙집	寄宿房
학교	学校	식사	吃饭
극장	剧场	도서관	图书馆
일하다	工作，做事	백화점	百货商店
다방	茶馆，咖啡馆	과일	水果
시장	市场	학원	学院
시청역	市厅站（地铁站名）		

1. _____에 갑니다.

보기	시내 → 시내에 갑니다.

   1) 미국
   2) 부산
   3) 친구 집
   4) 회사
   5) 은행

2. 가 : 어디에 가십니까?
   나 : _____에 갑니다.

   > 보기 일본 → 가 : 어디에 가십니까?
   >   나 : 일본에 갑니다.

   1) 중국
   2) 병원
   3) 식당
   4) 우체국
   5) 하숙집

3. _____에서 _____(스)ㅂ니다.

   > 보기 학교 / 공부하다 → 학교에서 공부합니다.

   1) 집 / 식사를 하다
   2) 극장 / 영화를 보다
   3) 도서관 / 책을 읽다
   4) 회사 / 일하다
   5) 백화점 / 선물을 사다

4. 가 : 어디에서 _____(으)십니까?
   나 : _____에서 _____(스)ㅂ니다.

   > 보기 과일을 사다 / 시장 → 가 : 어디에서 과일을 사십니까?
   >   나 : 시장에서 과일을 삽니다.

   1) 친구를 만나다 / 다방

2) 한국말을 공부하다 / 가나다 한국어 학원
3) 식사를 하다 / 식당
4) 일하다 / 은행
5) 지하철을 타다 / 시청역

발음의 기본 규칙
(发音的基本规则)

1. 연음(连音) : 받침 다음에 모음이 오면 받침 발음이 뒤의 모음에 붙어 발음된다. 겹받침인 경우에는 두 번째 받침만 발음된다.

连音 : 有收音的后一音节以元音开始时，收音将移到后一音节上，与其拼读。当收音为复音（两个辅音）时，只将第二个音移到后一音节上拼读。

① 목요일[모교일]　　　학원[하권]　　　　닫아요[다다요]
　 음악[으막]　　　　　입어요[이버요]　　옷을[오슬]
　 책꽂이[책꼬지]　　　꽃은[꼬츤]　　　　부엌으로[부어크로]
　 밭으로[바트로]　　　높아요[노파요]
② 닭이[달기]　　　　　읽으세요[일그세요]　삶은[살믄]
　 앉아요[안자요]　　　여덟이[여덜비]　　넓어요[널버요]

단, 'ㅎ'은 뒤에 모음을 만나면 'ㅎ'음이 탈락된다.
收音'ㅎ'与元音相连时，则不发音。

좋아요[조아요]　　　놓으세요[노으세요]　　많이[만이] ⇨ [마니]
싫으면[실으면] ⇨ [시르면]　괜찮으면[괜찬으면] ⇨ [괜차느면]

2. 경음화(硬音化) : 받침 소리가 무성음인 경우 뒤에 무성음과 만나면 뒤의 소리가 된소리로 발음된다. 즉, 받침 소리 [ㄱ], [ㄷ], [ㅂ]이 [ㄱ], [ㄷ], [ㅂ], [ㅅ], [ㅈ]을 만나면 뒷소리가 된소리로 발음된다.

紧音化 : 在收音的影响下，松音变成紧音，这种现象叫做紧音化。
即收音'ㄱ、ㄷ、ㅂ'与'ㄱ、ㄷ、ㅂ、ㅅ、ㅈ'辅音相连时，后面的'ㄱ、ㄷ、ㅂ、ㅅ、ㅈ'要发成紧音。

학교[학꾜]　　　　식당[식땅]　　　　설악산[서락싼]
맥주[맥쭈]　　　　숟가락[숟까락]　　약병[약뼝]
잡지[잡찌]　　　　없다[업따]

제 8 과

언제 한국에 오셨습니까?

우안훼 :	언제 한국에 오셨습니까?
吴安惠 :	您什么时候来韩国的?

야마다 :	4월 23일에 왔습니다.
山田 :	4月 23号来的。

우안훼 :	한국에서 무엇을 하십니까?
吴安惠 :	在韩国做什么?

야마다 :	회사에서 일합니다.
山田 :	在公司工作。

 生词

오다	来	~월	月（日期）
~일	号，日（日期）	회사	公司
일하다	工作		

 语法

언제 什么时候

疑问代词。用于询问时间。相当于汉语的"什么时候"。

> 보기
> 언제 왔습니까?　　　　什么时候来的?
> 언제가 좋습니까?　　　什么时候好?
> 생일이 언제입니까?　　生日是什么时候?

~았/었/였

时制词尾。用于谓词词干后，表示动作已完成，即过去时态。谓词词干最后的母音为'아/오'时，用'~았'，其余'~었'。'하다'作为特殊形与'였'结合使用。

보다: 보 + 았 + 습니다 → 보았습니다 → 봤습니다
먹다: 먹 + 었 + 습니다 → 먹었습니다
하다: 하 + 였 + 습니다 → 하였습니다 → 했습니다

> 보기
> 오늘 아침에 병원에 갔습니다.　　　今天上午去医院了。
> 어제 소설책을 읽었습니다.　　　　　昨天看小说了。
> 작년에 해외 여행을 했습니다.　　　　去年出国旅行了。

숫자 1

汉字数词用于表示日期，号码等。

1	2	3	4	5	6	7	8	9	10	11	12 …	20	30	40
일	이	삼	사	오	육	칠	팔	구	십	십일	십이	이십	삼십	사십
50	60	70	80	90	100 …	1,000 …	10,000 …		100,000 …		1,000,000			
오십	육십	칠십	팔십	구십	백	천	만		십만		백만			

보기 오늘은 12월 25일입니다.　　　今天是12月25号。
　　　제 전화 번호는 713-5549입니다.　我的电话号码是713-5549。
　　　여기에서 8번 버스를 타십시오.　　请在这儿乘坐8路车。

 模仿练习

보충 단어 补充生词

오늘	今天	몇~	几
며칠	几号	사진	照片
찍다	照，拍	전화	电话
아침	早上	저녁	晚上
다음~	下~	~주	~周
쉬다	休息	내년	明年
결혼을 하다	结婚	~달	月（日期）
오후	下午	고향	故乡，家乡
작년	去年	지난~	去~，上~
주말	周末	청소를 하다	打扫
야채	蔬菜	공항	飞机场

1. _____월 _____일입니다.

   > 보기   1 / 10 → 1월 10일입니다.

   1) 9/26
   2) 3/9
   3) 12/31
   4) 6/15
   5) 10/6

2. 가 : 오늘이 몇 월 며칠입니까?
   나 : _____월 _____일입니다.

   > 보기   5 / 22 → 가 : 오늘이 몇 월 며칠입니까?
   >   나 : 5월 22일입니다.

   1) 7/14
   2) 2/8
   3) 8/11
   4) 11/30
   5) 4/5

3. _____았 / 었 / 였습니다.

   > 보기   가다 → 갔습니다.

   1) 오다
   2) 배우다
   3) 기다리다

4) 읽다

5) 공부하다

4. 가 : _____(으)셨습니까?

   나 : 네, _____았/었/였습니다.

   > 보기 친구를 만나다 → 가 : 친구를 만나셨습니까?
   >   나 : 네, 친구를 만났습니다.

   1) 지하철을 타다
   2) 영화를 보다
   3) 사진을 찍다
   4) 냉면을 잡수시다 / 먹다
   5) 전화를 하다

5. _____에 _____(스)ㅂ니다.

   > 보기 아침 / 운동하다 → 아침에 운동합니다.

   1) 저녁 / 편지를 쓰다
   2) 다음주 / 쉬다
   3) 내년 / 결혼을 하다
   4) 다음달 / 일본에 가다
   5) 오후 / 약속이 있다

6. 가 : 언제 _____(스)ㅂ니까?

   나 : _____에 _____(스)ㅂ니다.

> 보기 고향에 갔다 / 작년 → 가 : 언제 고향에 갔습니까?
>   나 : 작년에 고향에 갔습니다.

1) 영화를 봤다 / 지난 주말
2) 서울에 왔다 / 6월 8일
3) 결혼했다 / 작년 9월
4) 신문을 읽다 / 아침
5) 청소를 하다 / 저녁

7. 가 : _____에서 무엇을 / 누구를 _____(으)십니까?
   나 : _____에서 _____을 / 를_____(스)ㅂ니다.

> 보기 한국 / 하다 / 일 → 가 : 한국에서 무엇을 하십니까?
>   나 : 한국에서 일을 합니다.

1) 학원 / 배우다 / 영어
2) 도서관 / 하다 / 공부
3) 시장 / 사다 / 야채
4) 공항 / 기다리다 / 어머니
5) 다방 / 만나다 / 친구

제 9 과

어느 나라에서 오셨습니까?

미영 : 미국 사람입니까?
美英 : 你是美国人吗?

제임스 : 아니오, 저는 미국 사람이 아닙니다.
杰姆斯 : 不, 我不是美国人。

미영 : 그럼, 어느 나라에서 오셨습니까?
美英 : 那么, 您从哪个国家来的?

제임스 : 영국에서 왔습니다.
杰姆斯 : 从英国来的。

生词

나라	国家	미국 사람	美国人
아니오	不	그럼	那么
영국	英国		

语法

아니다 不是

是体词谓语形'~이다'的否定式，相当于汉语的"不是"。常与主格词尾'~이/가'结合，以'~이/가 아니다'的形式出现。

보기	나는 의사가 아닙니다.	我不是大夫。
	여기는 부산이 아닙니다.	这儿不是釜山。
	이것은 교과서가 아닙니다.	这不是教科书。

어느 哪个、某个

疑问冠形词，在两个或两个以上的事物中，对不知道的事物进行询问时使用。相当于汉语的"哪个"、"某个"。

보기	어느 것이 좋습니까?	哪个好？
	어느 나라 사람입니까?	哪个国家的人？
	어느 회사에서 일합니까?	在哪家公司工作？

 模仿练习

보충 단어 补充生词

음식	菜, 饭	캐나다	加拿大
호주	澳大利亚	프랑스	法国
독일	德国	~호	~号

1. _____이 / 가 아닙니다.

   > 보기 미국 사람 → 미국 사람이 아닙니다.

   1) 선생님
   2) 회사원
   3) 정수미
   4) 한국 음식
   5) 교과서

2. 가 : _____입니까?
   나 : 아니오, _____이 / 가 아닙니다. _____입니다.

   > 보기 책 / 공책 → 가 : 책입니까?
   >   나 : 아니오, 책이 아닙니다. 공책입니다.

   1) 미국 사람 / 캐나다 사람
   2) 브라운 씨 / 마이클
   3) 여자 친구 / 동생
   4) 은행 / 우체국
   5) 3월 17일 / 3월 18일

3. 가 : 어느 나라에서 오셨습니까?
   나 : _____에서 왔습니다.

   > 보기 나라 / 오다 / 일본 → 가 : 어느 나라에서 오셨습니까?
   >   나 : 일본에서 왔습니다.

   1) 미국
   2) 호주
   3) 프랑스
   4) 독일
   5) 영국

4. 가 : 어느 _____에서 _____(으)십니까?
   나 : _____에서 _____(스)ㅂ니다.

   > 보기 은행 / 일하다 / 서울 은행 → 가 : 어느 은행에서 일하십니까?
   >   나 : 서울 은행에서 일합니다.

   1) 교실 / 공부하다 / 201호
   2) 역 / 지하철을 타다 / 시청역
   3) 백화점 / 사다 / 롯데 백화점
   4) 학원 / 한국말을 배우다 / 가나다 한국어 학원
   5) 호텔 / 친구를 만나다 / 신라 호텔

제 10 과

한국말 공부가 어떻습니까?

미영	:	한국에서 무엇을 하십니까?
美英	:	在韩国做什么？

왕리쭝	:	한국말을 공부합니다.
王立中	:	学习韩国语。

미영	:	한국말 공부가 어떻습니까?
美英	:	韩国语（学起来）怎么样？

왕리쭝	:	어렵지만 재미있습니다.
王立中	:	很难，但有意思。

단어 生词

공부	学习，功课	어떻다	怎么样
어렵다	难	재미있다	有意思，有趣

문법 语法

~지만 ~但是、可是、不过

连接词尾。表示转折。相当汉语的"但是"、"可是"、"不过"。

> 보기　이 백화점은 비싸지만 좋습니다.
> 这家百货商店（的东西）很贵，但是很好。
>
> 이 옷은 좋지만 저 옷은 나쁩니다.
> 这件衣服好，不过那件衣服不好。
>
> 김치는 맵지만 맛있습니다.
> 泡菜很辣，但是好吃。

유형연습 模仿练习

보충 단어 补充生词

날씨	天气	좋다	好
크다	大	복잡하다	复杂
비빔밥	拌饭	맛있다	好吃
덥다	热	기분	气氛，心情

제10과 한국말 공부가 어떻습니까?

쉽다	容易	남자	男子
친절하다	亲切	싸다	便宜
비싸다	贵	춥다	冷
작다	小	맵다	辣
예쁘다	漂亮，好看	생활	生活
피곤하다	累	김치	泡菜
아파트	公寓		

1. _____이 / 가 _____(스)ㅂ니다.

   > 보기 한국말 공부 / 어렵다 → 한국말 공부가 어렵습니다.

   1) 오늘 날씨 / 좋다
   2) 그 백화점 / 크다
   3) 지하철 / 복잡하다
   4) 비빔밥 / 맛있다
   5) 그 영화 / 재미있다

2. 가 : _____이 / 가 어떻습니까?
   나 : _____(스)ㅂ니다.

   > 보기 불고기 / 맛있다 → 가 : 불고기가 어떻습니까?
   >   나 : 맛있습니다.

   1) 날씨 / 덥다
   2) 기분 / 좋다
   3) 그 책 / 쉽다
   4) 그 남자 / 친절하다
   5) 남대문 시장 / 싸다

3. _____지만 _____(스)ㅂ니다.

> 보기 비싸다 / 좋다 → 비싸지만 좋습니다.

1) 어렵다 / 재미있다
2) 춥다 / 좋다
3) 작다 / 좋다
4) 맵다 / 맛있다
5) 예쁘다 / 비싸다

4. 가 : _____이 / 가 어떻습니까?
   나 : _____지만 _____(스)ㅂ니다.

> 보기 날씨 / 춥다 / 좋다 → 가 : 날씨가 어떻습니까?
>   나 : 춥지만 좋습니다.

1) 한국말 공부 / 어렵다 / 재미있다
2) 백화점 / 비싸다 / 좋다
3) 한국 생활 / 피곤하다 / 재미있다
4) 김치 / 맵다 / 맛있다
5) 아파트 / 작다 / 좋다

REVIEW

Lesson6~Lesson10　　제6과~제10과

읽기연습 1　阅读练习 1

생　일

오늘은 5월 10일입니다.
어제는 제 생일이었습니다.
우리 집에서 파티를 했습니다.
저는 친구들을 초대했습니다.
오후 5시에 친구들이 왔습니다.
우리는 케이크를 먹었습니다.
이야기도 많이 했습니다.
저는 선물을 많이 받았습니다.
기분이 좋았습니다.

단어　生词

생일	生日	어제	昨天
파티하다	宴会，聚会	초대하다	邀请
~시	~点（表时间）	케이크	蛋糕
이야기	故事，话儿	많이	很多

77

연습 문제 练习问题

1. 생일이 몇 월 며칠입니까?
   _____

2. 어디에서 생일 파티를 했습니까?
   _____

3. 나는 무엇을 받았습니까?
   _____

生日

今天是5月10号。
昨天是我的生日。
我在家开了一个聚会。
请了很多朋友。
朋友们5点钟来的。
我们吃完蛋糕。
还聊了很久。
我收到了很多礼物,高兴极了。

REVIEW/제6과~제10과

 阅读练习 2

여의도 공원

토마스 : 어제는 날씨가 참 좋았습니다. 무엇을 하셨습니까?
지영 : 저는 어제 여의도에 갔습니다.
토마스 : 아, 그렇습니까? 저도 이번 토요일에 여의도에 갑니다.
  여의도가 가깝습니까?
지영 : 네, 가깝지만 교통이 조금 복잡합니다.
토마스 : 여의도에서 무엇을 하셨습니까?
지영 : 여의도 공원에서 자전거를 탔습니다. 꽃도 구경했습니다.
토마스 : 여의도에 꽃이 많습니까?
지영 : 네, 많습니다. 아주 아름답습니다.

단 어 生 词

여의도	汝矣岛(地名)	공원	公园
참	真的, 实在	그렇습니까?	是吗
이번 토요일	这个星期六	가깝다	近

교통	交通	조금	一点儿
많다	多	아주	非常
아름답다	美丽，漂亮		

연습 문제 练习问题

1. 어제 날씨가 어땠습니까?
   _____

2. 지영 씨는 어제 어디에 갔습니까?
   _____

3. 지영 씨는 거기에서 무엇을 했습니까?
   _____

汝矣岛公园

托马斯：昨天天气真好，你做什么了？
智英　：我去汝矣岛了。
托马斯：是吗？这周六我也去汝矣岛。汝矣岛近吗？
智英　：是的，很近。不过交通不太方便。
托马斯：你还在汝矣岛做什么了？
智英　：我在汝矣岛公园骑自行车了，还看了花儿。
托马斯：汝矣岛花多吗？
智英　：很多，也很漂亮。

REVIEW/제6과~제10과

 运用练习

1. 그림을 보고 대답을 쓰십시오.

1) 주스가 있습니까?

2) 수박이 있습니까? _____

3) 바나나가 있습니까? _____

4) 맥주가 있습니까? _____

5) 계란이 많습니까? _____

6) 사과가 많습니까? _____

2. '~에' 와 '~에서' 중에서 알맞은 조사 (词尾) 를 쓰십시오.

1) 어느 나라(   ) 오셨습니까?

2) 서점(   ) 책을 샀습니다.

3) 작년(   ) 여행을 했습니다.

4) 교실(   ) 학생들이 이야기합니다.

5) 주말(   ) 백화점(   ) 갔습니다.

6) 일요일(   ) 집(   ) 쉽니다.

3. 대답을 쓰십시오.

   1) 가: 어제 수영을 하셨습니까?

      나: 네, _____

   2) 가: 지난 목요일에 누구를 만나셨습니까?

      나: _____

   3) 가: 아침에 신문을 읽으셨습니까?

      나: 네, _____

   4) 가: 일요일에 영화를 보셨습니까?

      나: 네, _____

4. 그림을 보고 알맞은 형용사(近횡늦)를 골라 _____ 에 쓰십시오.

보기	덥습니다,	더럽습니다,	재미있습니다,	깨끗합니다
	작습니다,	춥습니다,	큽니다,	재미없습니다

   1) 날씨가 _____

   2) 날씨가 _____

   3) 방이 _____

   4) 방이 _____

제 10 과   한국말 공부가 어떻습니까?

5)
가방이 _____

6)
가방이 _____

7)
영화가 _____

8)
영화가 _____

 听力练习

1. 달력을 보고 알맞은 답을 고르십시오.

   1) ① 저녁 약속   ② 회의   ③ 등산 약속 (   )
   2) ① 어머니 생일 ② 친구 생일 ③ 제 생일   (   )
   3) ① 산   ② 은행   ③ 병원   (   )

2. 다음 이야기를 듣고 빈 칸을 채우십시오.

   오늘은 5월 30일입니다. (   ) 부산에 여행을 갑니다.
   작년에는 광주에 (   ) 이번에는 부산에 갑니다.
   그 친구는 여자입니다. 대학교에서 중국말을 공부합니다.
   그 친구는 아주 (   )

3. 다음 대화를 듣고 맞으면 ○, 틀리면 ×를 하십시오.

   1) 여기는 대사관입니다. (   )
   2) 여기에서 책을 읽습니다. (   )
   3) 도서관이 큽니다. (   )

제 11 과

날마다 몇 시간 일하십니까?

| 호준 | : | 어디에서 일하십니까? |
| 昊准 | : | 您在哪儿工作? |

| 스즈키 | : | 은행에서 일합니다. |
| 铃木 | : | 在银行。 |

| 호준 | : | 날마다 몇 시간 일하십니까? |
| 昊准 | : | 您每天工作几个小时? |

| 스즈키 | : | 여덟 시간 일합니다. |
| 铃木 | : | 八个小时。 |

 生词

| 날 | 日子 | ~ 시간 | 小时 |
| 은행 | 银行 | 여덟 | 八 |

 语法

~마다 每

添意词尾，表示包罗，相当于汉语的"每"。

> 보기 요즘 날마다 운동을 합니다.
> 最近每天运动。
>
> 기차는 30 분마다 있습니다.
> 火车每三十分钟一班。
>
> 이 건물에는 층마다 화장실이 있습니다.
> 这栋楼每层都有洗手间。

몇 ~ 几

疑问冠形词，对数量进行提问，相当于汉语的"几"。

> 보기 손님이 몇 명 오십니까?   来几位客人?
> 사과가 몇 개입니까?   几个苹果?
> 책이 몇 권 있습니까?   有几本书?

제11과 날마다 몇 시간 일하십니까?

숫자 2

用于表示事物、人、时间等。

1	2	3	4	5	6	7	8	9	10	11	12
하나	둘	셋	넷	다섯	여섯	일곱	여덟	아홉	열	열하나	열둘
(한)	(두)	(세)	(네)							(열한)	(열두)
13......20	30	40	50	60	70	80	90	100	1,000	10,000	
열셋	스물	서른	마흔	쉰	예순	일흔	여든	아흔	백	천	만
(열세)	(스무)										

 자동차가 세 대 있습니다.   有3辆汽车。

지금 다섯 시입니다.   现在5点。

백화점에서 옷을 두 벌 샀습니다. 在百货商店买了两套衣服。

유형연습 模仿练习

보충 단어 补充生词

해	年	여행	旅行
월요일	星期一	회의	会议
여름	夏天	바다	海
숙제	作业	~명	~名（量词）
~잔	~杯（量词）	~개	~个（量词）
~권	~本（量词）	~벌	~套（量词）
반(1/2)	半	커피	咖啡
~켤	~双（量词）		

1. _____마다 _____(스)ㅂ니다.

> 보기 날 / 일하다 → 날마다 일합니다.

   1) 아침 / 신문을 읽다
   2) 해 / 여행을 하다
   3) 주말 / 운동을 하다
   4) 월요일 / 회의를 하다
   5) 여름 / 바다에 가다

2. 가 : _____마다 몇 시간 _____(으)십니까?
   나 : _____마다 _____시간 _____(스)ㅂ니다.

> 보기 날 / 공부하다 / 3 → 가 : 날마다 몇 시간 공부하십니까?
>   나 : 날마다 3시간 공부합니다.

   1) 날 / 주무시다 /7
   2) 저녁 / 텔레비전을 보다 /2
   3) 날 / 일하다 /8
   4) 아침 / 운동하다 /1
   5) 날 / 숙제를 하다 /2

3. 가 : 몇 _____ _____(스)ㅂ니까?
   나 : _____ _____(스)ㅂ니다.

> 보기 시간 / 일하다 / 7시간 → 가 : 몇 시간 일합니까?
>   나 : 7시간 일합니다.

1) 명 / 있다 /9 명

2) 잔 / 마시다 /2 잔

3) 개 / 사다 /5 개

4) 권 / 있다 /100 권

5) 벌 / 있다 /20 벌

4. 가 : _____ 이 / 가 (을 / 를) _____ (스)ㅂ니까?
    나 : _____ 이 / 가 (을 / 를) _____ (스)ㅂ니다.

> 보기   가 : 학생이 몇 명 있습니까? (6 명)
>   나 : 학생이 6 명 있습니다.

1) 선생님이 몇 분 계십니까? (4 분)

2) 텔레비전을 몇 시간 봅니까? (1 시간 반)

3) 커피를 몇 잔 마십니까? (3 잔)

4) 구두를 몇 켤레 삽니까? (2 켤레)

5) 맥주를 몇 병 사십니까? (10 병)

제 12 과

지금 몇 시입니까?

량위링 :	실례지만, 지금 몇 시입니까?	
梁玉玲 :	对不起, 现在几点了?	
진수 :	10시 20분입니다.	
珍秀 :	10点20分。	
량위링 :	몇 시에 약속이 있습니까?	
梁玉玲 :	几点有约?	
진수 :	오후 1시에 약속이 있습니다.	
珍秀 :	下午1点有约。	

 生词

지금	现在	~시	~点（时间）
실례지만	对不起，失礼了	~분	~分（时间）
약속	约会	오후	下午

 模仿练习

보충 단어 补充生词

밤	晚上	오전	上午
전	~以前	~살	~岁（年纪）
화장실	化妆室，卫生间	시작하다	开始
끝나다	结束	일어나다	起来
비행기	飞机		

1. _____시 _____분입니다.

> 보기 10:5 → 10시 5분입니다.

　　1) 8:23

　　2) 7:46

　　3) 12:30(반)

　　4) 3:12

　　5) 9:37

제12과 지금 몇 시입니까?

2. 가 : 실례지만 지금 몇 시입니까?
   나 : _____입니다.

   > 보기 가 : 실례지만 지금 몇 시입니까? (밤 9시 25분)
   >   나 : 밤 9시 25분입니다.

   1) 오전 6시 21분
   2) 오후 4시 17분
   3) 저녁 8시 43분
   4) 5시 6분 전
   5) 11시 10분 전

3. 실례지만, _____(스)ㅂ니까?

   > 보기 몇 살이다 → 실례지만, 몇 살입니까?

   1) 시간이 있다
   2) 화장실이 어디이다
   3) 결혼했다
   4) 이름이 무엇이다
   5) 어디에서 오셨다

4. 가 : 몇 시에 _____(스)ㅂ니까?
   나 : _____에 _____(스)ㅂ니다.

   > 보기 시작하다 / 10시 → 가 : 몇 시에 시작합니까?
   >   나 : 10시에 시작합니다.

   1) 끝나다 / 12시 50분
   2) 집에 오다 / 오후 2시 반

3) 일어나다 / 아침 7시
4) 친구를 만나다 / 저녁 6시
5) 비행기를 타다 / 오전 11시 40분

제 13 과

내일 다시 전화하겠습니다.

마크 : 이 선생님 계십니까?
马克 : 李老师在家吗?

사모님 : 아니오, 학교에 가셨습니다.
师母 : 没在，去学校了。

마크 : 그럼, 내일 다시 전화하겠습니다.
马克 : 那么明天我再打电话。

사모님 : 오전 10시 전에 전화하십시오.
师母 : 上午10点前打吧。

 生词

내일	明天	다시	再
전화하다	打电话	선생님	老师
학교	学校	오전	上午

 语法

~ 겠 ~

将来时制词尾。用在谓词词干后根据人称表示意愿、打算或推测。

> 보기　내일 다시 오겠습니다.　　明天再来。
> 　　　오늘 오후에 전화하겠습니다.　今天下午打电话。
> 　　　저는 한국 음식을 먹겠습니다.　我吃韩国菜。

~ 전에 / ~기 전에

用在文章中，表示后一动作或状态比前一动作先出现。相当于汉语中的'~以前'。'~기'是名词形词尾，即把动词变成名词时所用的词尾。

> 보기　두 달 전에 집을 샀습니다.
> 　　　两个月前买了房子。
> 　　　한국에 오기 전에 미국에서 일을 했습니다.
> 　　　来韩国以前在美国工作。
> 　　　식사를 하기 전에 손을 씻으십시오.
> 　　　饭前要洗手。

제13과   내일 다시 전화하겠습니다.

 模仿练习

보충 단어 补充生词

과장님	科长	댁	家, 住宅(敬语)
버스	公共汽车	여기	这儿, 这里
~년	~年	~주일	~周日
조금	一点儿	손	手
씻다	洗	세수하다	洗脸
이	牙	닦다	刷
밥	饭	목욕하다	洗澡
대학교	大学	수영하다	游泳
준비	准备		

1. _____ 계십니까?

   보기 최 선생님 → 최 선생님 계십니까?

   1) 김 사장님
   2) 윤 과장님
   3) 경호 씨
   4) 제인 씨
   5) 야마다 씨

2. 가: _____계십니까?
   나: 네, 계십니다.
      아니오, _____에 가셨습니다.

   보기 정 선생님 / 학교 → 가 : 정 선생님 계십니까?
                         나 : 네, 계십니다.
                            아니오, 학교에 가셨습니다.

97

1) 다카하시 씨 / 회사

2) 발터 씨 / 식당

3) 박 부장님 / 시내

4) 서영주 씨 / 은행

5) 정 교수님 / 댁

3. _____겠습니다.

> 보기 한국 음식을 먹다 → 한국 음식을 먹겠습니다.

1) 저녁에 전화하다

2) 친구를 만나다

3) 병원에 가다

4) 과일을 사다

5) 집에서 책을 읽다

4. 가: _____(으)시겠습니까?

   나: _____겠습니다.

> 보기 어디에 가다 / 미국 → 가 : 어디에 가시겠습니까?
>   나 : 미국에 가겠습니다.

1) 주말에 누구를 만나다 / 친구

2) 무엇을 타다 / 버스

3) 언제 영화를 보다 / 내일

4) 무엇을 잡수시다 / 비빔밥

5) 무엇을 읽다 / 신문

제13과 내일 다시 전화하겠습니다.

5. 가: _____(으)십시오.
   나: 네, _____겠습니다.

   > 보기 여기에서 기다리다 → 가 : 여기에서 기다리십시오.
   >   나 : 네, 여기에서 기다리겠습니다.

   1) 내일 다시 오다
   2) 편지를 쓰다
   3) 병원에 가다
   4) 그 옷을 입다
   5) 그 책을 읽다

6. _____ 전에 _____았 / 었 / 였습니다.

   > 보기 1년 / 오다 → 1년 전에 왔습니다.

   1) 한 달 / 만나다
   2) 1주일 / 편지를 받다
   3) 조금 / 커피를 마시다
   4) 5년 / 미국에 가다
   5) 아침 9시 / 회사에 가다

7. _____기 전에 _____(스)ㅂ니다.

   > 보기 식사하다 / 손을 씻다 → 식사하기 전에 손을 씻습니다.

   1) 세수하다 / 이를 닦다
   2) 학교에 가다 / 밥을 먹다
   3) 저녁을 먹다 / 숙제하다

4) 친구 집에 가다 / 전화하다

5) 자다 / 목욕하다

8. 가 : _____기 전에 무엇을 하셨습니까?

   나 : _____기 전에 _____았 / 었 / 였습니다.

> **보기** 한국에 오다 / 대학교에서 공부하다
> → 가 : 한국에 오기 전에 무엇을 하셨습니까?
>   나 : 한국에 오기 전에 대학교에서 공부했습니다.

1) 자다 / 세수하다

2) 수영하다 / 준비 운동을 하다

3) 선생님 댁에 가다 / 전화하다

4) 텔레비전을 보다 / 숙제하다

5) 결혼하다 / 회사에서 일하다

제 14 과

도서관에 공부하러 갑니다.

왕리쭝 : 어디에 가십니까?
王立中 : 你去哪儿?

아베 : 도서관에 공부하러 갑니다.
阿贝 : 去图书馆学习。

왕리쭝 : 저도 지금 도서관에 갑니다.
王立中 : 我现在也去图书馆。

아베 : 그럼, 같이 갑시다.
阿贝 : 那我们一起去吧。

 生词

도서관　　　图书馆　　　　　같이　　　一起

 语法

~(으)러

　　连接词尾。用于谓词词干后，表示动作的意图或目的。后面常跟"来、去"等一类带方向性的动词。词干有收音时用'~으러'，无收音时用'~러'。

　　보기　선물을 사러 갑니다.
　　　　　买礼物去。
　　　　　김 선생님은 식사하러 갔습니다.
　　　　　金先生吃饭去了。
　　　　　도서관에 책을 읽으러 왔습니다.
　　　　　到图书馆看书来了。

~(으)ㅂ시다 一起~吧

　　共动形终结词尾。跟在动词词干后，用于请别人和自己共同从事某一活动。动词词干有收音时用'~ㅂ시다'，无收音时用'~읍시다'。相当于汉语的"一起~吧"。

　　보기　지금 식당에 갑니다. 같이 갑시다.
　　　　　现在去食堂，一起去吧。
　　　　　오늘 바쁩니다. 내일 만납시다.
　　　　　今天很忙，明天见吧。
　　　　　경치가 좋습니다. 사진을 찍읍시다.
　　　　　风景很美，一起照相吧。

제14과 도서관에 공부하러 갑니다.

 模仿练习

보충 단어 补充生词

서점	书店	사무실	办公室
가족	家族，家人	부치다	寄
점심	午饭	과자	饼干，点心
구경하다	逛	이야기하다	聊天，讲故事
연습하다	练习	배가 고프다	肚子饿
좋아하다	喜欢	바쁘다	忙

1. _____(으)러 갑니다.

   > 보기 운동하다 → 운동하러 갑니다.

   1) 선물을 사다
   2) 영화를 보다
   3) 친구를 만나다
   4) 저녁을 먹다
   5) 사진을 찍다

2. _____(으)러 _____에 갑니다.

   > 보기 비행기를 타다 / 공항 → 비행기를 타러 공항에 갑니다.

   1) 책을 사다 / 서점
   2) 일하다 / 사무실
   3) 가족을 만나다 / 독일

103

4) 편지를 부치다 / 우체국

5) 점심을 먹다 / 식당

3. 가 : 어디에 가십니까?

　　나 : _____(으)러 _____에 갑니다.

> 보기　가 : 어디에 가십니까? (공부하다 / 도서관)
> 　　　나 : 공부하러 도서관에 갑니다.

1) 과자를 사다 / 가게

2) 영화를 보다 / 극장

3) 친구를 만나다 / 다방

4) 한국말을 배우다 / 학교

5) 구경하다 / 시내

4. _____(으)ㅂ시다.

> 보기　쉬다 → 쉽시다.

1) 식당에 가다

2) 다방에서 만나다

3) 내일 이야기하다

4) 신문을 읽다

5) 사진을 찍다

제14과   도서관에 공부하러 갑니다.

5. 가 : _____ (스)ㅂ니다.

   나 : 저도 _____ (스)ㅂ니다.

   가 : 그럼, _____ (으)ㅂ시다.

   > **보기**   도서관에 가다 / 같이 가다 →   가 : 도서관에 갑니다.
   >   나 : 저도 도서관에 갑니다.
   >   가 : 그럼, 같이 갑시다.

   1) 피곤하다 / 쉬다
   2) 한국말을 공부하다 / 같이 연습하다
   3) 배가 고프다 / 식당에 가다
   4) 영화를 좋아하다 / 같이 영화를 보다
   5) 오늘 바쁘다 / 내일 만나다

아리랑

한국민요
이계석 편곡

제 15 과

몇 시부터 몇 시까지 공부합니까?

수잔 : 몇 시부터 몇 시까지 공부합니까?
秀灿 : 从几点到几点上课?

다나카 : 10시부터 1시까지 공부합니다.
田中 : 从10点到1点上课。

수잔 : 수업 후에 무엇을 하십니까?
秀灿 : 下课后做什么?

다나카 : 일을 하러 회사에 갑니다.
田中 : 去公司工作。

 生词

수업　　　　　　　功课，课

 语法

~ 부터 ~ 까지 从~到~

添意词尾。表示时间、地点的起点和终点，相当于汉语的"从~到~"。

> 보기　2시부터 4시까지 공부합니다.
> 从2点到4点学习。
>
> 1 부터 100 까지 세어 보십시오.
> 请从1数到100。
>
> 서울부터 부산까지 기차로 4 시간 걸립니다.
> 从汉城到釜山坐火车要4个小时。

~ 후에

在文章中表示后一动作或事件比前一动作、事件先出现，相当于汉语的"在~之后"。它前面可加时间词、名词和动词。与动词连用时，动词词干有收音的用'~은 후에'，没有收音的用'~ㄴ 후에'。

> 보기　30분 후에 출발합시다.
> 30分钟后出发。
>
> 식사 후에 차를 마셨습니다.
> 饭后喝茶了。
>
> 사진을 찍은 후에 구경을 하겠습니다.
> 照相后去玩去。

제15과 몇 시부터 몇 시까지 공부합니까?

 模仿练习

보충 단어 补充生词

뉴스	新闻	방학	放假
거기	那儿	겨울	冬天
휴가	休假	~미터	~米(长度单位)
손님	客人	약	药
도착하다	到达		

1. _____부터 _____까지 _____(스)ㅂ니다.

   > 보기 아침 / 저녁 / 일하다 → 아침부터 저녁까지 일합니다.

   1) 1시 / 2시 / 점심 시간이다
   2) 9시 / 10시 / 뉴스를 보다
   3) 오늘 / 내일 / 쉬다
   4) 7월 / 8월 / 방학이다
   5) 여기 / 저기 / 10km 이다

2. 가 : _____부터 _____까지 _____(스)ㅂ니까?
   나 : _____부터 _____까지 _____(스)ㅂ니다.

   > 보기 가 : 몇 시부터 몇 시까지 운동합니까? (오전 7시 / 8시)
   > 나 : 오전 7시부터 8시까지 운동합니다.

   1) 언제부터 언제까지 겨울입니까? (12월 / 2월)
   2) 몇 시부터 몇 시까지 주무십니까? (밤 11시 / 아침 7시)
   3) 언제부터 언제까지 휴가입니까? (10일 / 15일)

4) 언제부터 언제까지 그 회사에서 일했습니까? (1990년/1995년)

5) 집부터 역까지 몇 미터입니까? (100미터)

3. _____ 후에 _____(스)ㅂ니다.

> 보기 1시간 / 손님이 오다 → 1시간 후에 손님이 옵니다.

1) 10분 / 다시 전화하겠다
2) 1주일 / 미국에 가다
3) 운동 / 목욕을 하다
4) 1년 / 결혼하겠다
5) 식사 / 약을 먹었다

4. _____(으)ㄴ 후에 _____(스)ㅂ니다.

> 보기 아침에 일어나다 / 운동하다 → 아침에 일어난 후에 운동합니다.

1) 식사하다 / 커피를 마시다
2) 공부하다 / 쉬다
3) 전화하다 / 가다
4) 저녁을 먹다 / 텔레비전을 보다
5) 이를 닦다 / 세수를 하다

5. 가 : _____(으)ㄴ 후에 무엇을 합니까?

　　나 : _____(으)ㄴ 후에 _____(스)ㅂ니다.

> **보기** 숙제를 하다 / 신문을 읽다
> 　　　　→ 가 : 숙제를 한 후에 무엇을 합니까?
> 　　　　　　나 : 숙제를 한 후에 신문을 읽습니다.

1) 세수하다 / 식사 준비하다
2) 집에 도착하다 / 손을 씻다
3) 목욕을 하다 / 신문을 읽다
4) 공부가 끝나다 / 친구를 만나다
5) 옷을 입다 / 아침을 먹다

REVIEW

Lesson11~Lesson15   제11과~제15과

 阅读练习 1

남동생

저는 박재영입니다. 대학생입니다.
제 남동생도 대학생입니다.
우리는 아주 다릅니다.
제 남동생은 키가 큽니다.
저는 키가 크지 않습니다.
제 남동생은 좀 뚱뚱합니다.
저는 뚱뚱하지 않습니다.
제 남동생은 안경을 씁니다.
저는 안경을 쓰지 않습니다.
그렇지만 저는 제 남동생이 좋습니다.
남동생도 저를 좋아합니다.

단어 生词

대학생	大学生	다르다	不同, 不一样
키가 크다	个子高	좀	有点儿
뚱뚱하다	胖	그렇지만	虽然那样

REVIEW/제11과~제15과

연습 문제 练习问题

1. 누가 키가 큽니까?
   _____

2. 나는 뚱뚱합니까?
   _____

3. 나는 안경을 씁니까?
   _____

弟弟

我叫朴载永，是大学生。
我弟弟也是大学生。
但我们完全不一样。
我弟弟很高，我不高。
我弟弟有点胖，我不胖。
我弟弟戴眼镜，我不戴。
虽然这样，我还是喜欢我弟弟。
他也喜欢我。

 阅读练习 2

전 화

이수호 : 여보세요? 거기가 김진수 씨 하숙집입니까?
아저씨 : 아니오, 하숙집이 아닙니다. 잘못 걸었습니다.
이수호 : 죄송합니다.

이수호 : 여보세요? 거기 327-2508입니까?
아주머니: 네, 그렇습니다. 누구를 찾습니까?
이수호 : 김진수 씨 계십니까?
아주머니: 지금 없습니다. 아르바이트를 하러 학교 도서관에 갔습니다.
이수호 : 진수 씨가 몇 시까지 아르바이트를 합니까?
아주머니: 오후 1시부터 5시까지 아르바이트를 합니다. 저녁에 전화하십시오.
이수호 : 네, 고맙습니다. 안녕히 계십시오.

단어 生词

여보세요	喂	잘못	错误地
걸다	打（电话）	죄송하다	对不起
그렇습니다	是的	찾다	找
아르바이트	打工	고맙다	谢谢

연습 문제 练习问题

1. 김진수 씨가 지금 하숙집에 있습니까?

   _____

2. 어디에서 아르바이트를 합니까?

   _____

3. 몇 시간 아르바이트를 합니까?

   _____

电话

李秀镐： 喂，是金珍秀的宿舍吗？
大叔 ： 不对，这儿不是寄宿宿舍，你打错了。
李秀镐： 对不起。

李秀镐： 喂，是327-2508吗？
大妈 ： 是的，你找谁？
李秀镐： 金珍秀先生在吗？
大妈 ： 现在没在。他去图书馆打工去了。
李秀镐： 他打工打到几点？
大妈 ： 他从下午1点打到5点，晚上再打电话吧。
李秀镐： 好吧。谢谢，再见。

 运用练习

1. 그림을 보고 대답을 쓰십시오.

1) 가: 어디에 가십니까?
   나: _____
   가: 왜 가십니까?
   나: _____(으)러 갑니다.

2) 가: 어디에 가십니까?
   나: _____
   가: 왜 가십니까?
   나: _____(으)러 갑니다.

3) 가: 어디에 가십니까?
   나: _____
   가: 왜 가십니까?
   나: _____(으)러 갑니다.

4) 가: 어디에 가십니까?
   나: _____
   가: 왜 가십니까?
   나: _____(으)러 갑니다.

2. 밑줄 친 숫자 (数字) 를 읽고 한국말로 쓰십시오.

> 보기   3시 45분에 만납시다. ⇨ 세 시 사십오 분에 만납시다.

1) <u>6</u>월 <u>11</u>일입니다.   ⇨ ___ 월 ___ 일입니다.

2) 날마다 <u>8</u>시간 잡니다.   ⇨ 날마다 ___ 시간 잡니다.

3) 저는 아파트 <u>10</u>층에 삽니다.   ⇨ 저는 아파트 ___ 층에 삽니다.

4) 제 나이는 <u>20</u>살입니다.   ⇨ 제 나이는 ___ 살입니다.

5) 전화 번호는 <u>334</u>의 <u>6294</u>입니다. ⇨ 전화 번호는 ___ 의 ___ 입니다.

3. 알맞은 단위 명사 (量词) 를 골라 쓰십시오.

> 보기   -명,   -잔,   -권,   -번,   -장,   -벌

1) 지금 가방에 책이 네 (   ) 있습니다.

2) 어제 시장에서 옷을 한 (   ) 샀습니다.

3) 커피를 두 (   ) 마셨습니다.

4) 집에 친구들이 일곱 (   ) 놀러 왔습니다.

5) 우표 다섯 (   ) 주십시오.

6) 그 영화는 재미있기 때문에 세 (   ) 봤습니다.

4. 계획표를 보고 대답을 쓰십시오.

1) 가 : 몇 시부터 몇 시까지 한국말을 배웁니까?

　　나 : _____

2) 가 : 몇 시간 아르바이트를 합니까?

　　나 : _____

3) 가 : 몇 시부터 몇 시까지 TV를 봅니까?

　　나 : _____

4) 가 : 몇 시간 숙제합니까?

　　나 : _____

5) 가 : 몇 시에 일어납니까?

　　나 : _____

6) 가 : 몇 시간 잡니까?

　　나 : _____

REVIEW/제11과~제15과

 听力练习

1. 다음 문장을 듣고 문장 안에 있는 단어를 고르십시오.

    1) ① 어제   ② 언제   (   )

    2) ① 쉽니다   ② 쉽습니다   (   )

    3) ① 일본 학생   ② 일번 학생   (   )

2. 다음 문장을 듣고 문장 안에 있는 말을 고르십시오.

    1) ① 6시 20분   ② 8시 10분   ③ 8시 20분 (   )

    2) ① 15번   ② 115번   ③ 125번   (   )

3. 다음 이야기를 듣고 알맞은 답을 고르십시오.

    1) 친구 생일이 언제였습니까? (   )
        ① 어제   ② 오늘   ③ 일요일

    2) 어디에서 파티를 했습니까? (   )
        ① 식당   ② 우리 집   ③ 친구 집

    3) 친구 집에 몇 시간 있었습니까? (   )
        ① 3시간   ② 6시간   ③ 9시간

신체(身体)

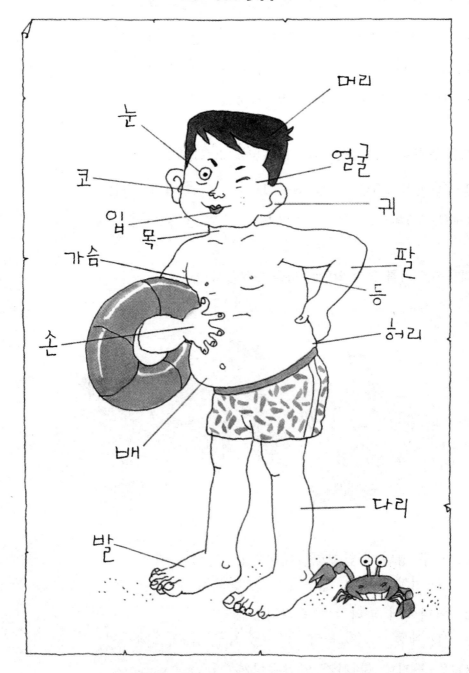

제 16 과

남대문 시장이 어디에 있습니까?

길에서 (在路上)

아베 : 남대문 시장이 어디에 있습니까?
阿贝 : 请问南大门市场在哪儿?

아저씨 : 시청 근처에 있습니다.
大叔 : 在市厅附近。

아베 : 여기에서 멉니까?
阿贝 : 离这儿远吗?

아저씨 : 아니오, 가깝습니다.
大叔 : 不远, 很近。

 生词

남대문 시장	南大门市场（地名）	길	路
아저씨	大叔	시청	市厅
근처	附近	여기	这儿
멀다	远	가깝다	近

 语法

'ㄹ' 불규칙 동사　'ㄹ'不规则动词

词干的结尾音以'ㄹ'收音的动词和形容词叫"ㄹ不规则动词"。当它出现在以辅音'ㄴ/ㅂ/ㅅ'或者元音'아/어'以外开始的词尾前面时，'ㄹ'将脱落，当作不规则形处理。

原形	~(스)ㅂ니다	~(으)십시오	~(으)ㅂ시다
알다	압니다	***	***
살다	삽니다	사십시오	삽시다
팔다	팝니다	파십시오	팝시다
만들다	만듭니다	만드십시오	만듭시다

보기　저는 서울에서 삽니다.
　　　我住在汉城。

　　　재미있게 노십시오.
　　　好好玩吧。

　　　창문을 여니까 시원합니다.
　　　开了窗户真凉快。

제16과 남대문 시장이 어디에 있습니까?

 模仿练习

보충 단어 补充生词

위	上	뒤	后
엘리베이터	电梯	옆	旁边
아래	下	안	里, 内
앞	前	슈퍼마켓	购物商场
알다	知道, 明白	열다	开, 打开
들다	拿, 举	팔다	卖
만들다	做	아주	很
버스정류장	车站	공원	公园

1. _____이 / 가 어디에 있습니까?

   > 보기 남대문 시장 → 남대문 시장이 어디에 있습니까?

   1) 병원
   2) 화장실
   3) 우체국
   4) 은행
   5) 가나다 한국어 학원

2. _____이 / 가 _____에 있습니다.

   > 보기 책 / 책상 위 → 책이 책상 위에 있습니다.

   1) 호텔 / 시청 앞
   2) 병원 / 우리 집 뒤

123

3) 화장실 / 엘리베이터 옆

4) 가방 / 의자 아래

5) 과일 / 냉장고 안

3. 가 : _____이 / 가 어디에 있습니까 ?

   나 : _____에 있습니다.

   > 보기 우체국 / 학교 근처 → 가 : 우체국이 어디에 있습니까 ?
   >   나 : 학교 근처에 있습니다.

   1) 서점 / 회사 앞
   2) 병원 / 슈퍼마켓 옆
   3) 은행 / 병원 뒤
   4) 전화 / 책상 위
   5) 사전 / 가방 안

4. 'ㄹ' 동사 연습

   _____을 / 를 _____ (스)ㅂ니다.

   > 보기 한국말 / 알다 → 한국말을 압니다.

   1) 음식 / 만들다
   2) 창문 / 열다
   3) 가방 / 들다
   4) 과일 / 팔다
   5) 사이토 씨 / 알다

5. 가 : _____을 / 를 _____(으)십니까?
   나 : 네, _____을 / 를 _____(스)ㅂ니다.

   > 보기 정 교수님 / 알다 → 가 : 정 교수님을 아십니까?
   >   나 : 네, 정 교수님을 압니다.

   1) 김치 / 만들다
   2) 문 / 열다
   3) 영어 / 알다
   4) 책 / 팔다
   5) 일본 음식 / 만들다

6. _____이 / 가 _____에서 멉니다. / 가깝습니다.

   > 보기 하숙집 / 학교 → 하숙집이 학교에서 멉니다. / 가깝습니다.

   1) 회사 / 집
   2) 백화점 / 여기
   3) 은행 / 사무실
   4) 지하철 역 / 집
   5) 시장 / 여기

7. 가 : _____이 / 가 _____에서 멉니까?
   나 : 네, 멉니다.
      아니오, (아주) 가깝습니다.

   > 보기 병원 / 여기 → 가 : 병원이 여기에서 멉니까?
   >   나 : 네, 멉니다.
   >   아니오, (아주) 가깝습니다.

1) 회사 / 집
2) 우체국 / 여기
3) 호텔 / 공항
4) 버스 정류장 / 여기
5) 공원 / 집

제 17 과

토요일과 일요일에는 가지 않습니다.

진수 : 날마다 회사에 가십니까?
珍秀 : 每天都去公司吗?

리사 : 아니오, 토요일과 일요일에는 가지 않습니다.
丽莎 : 不是的, 星期六、星期天不去。

진수 : 그럼, 주말에는 무엇을 하십니까?
珍秀 : 那么, 周末你做什么?

리사 : 보통 친구를 만납니다.
丽莎 : 一般和朋友见面。

 生词

| 주말 | 周末 | 보통 | 普通，一般 |

〈요일〉

월요일	星期一
화요일	星期二
수요일	星期三
목요일	星期四
금요일	星期五
토요일	星期六
일요일	星期天

 语法

~와/과

　　连格词尾。用于连接同类名词。相当于汉语的"和、与、跟"。有收音时用'~과'，无收音时用'~와'。

　　보기　교실에 의자와 책상이 있습니다.
　　　　　教室里有椅子和桌子。

　　　　　나는 한국말과 일본말을 합니다.
　　　　　我会韩国语和日语。

　　　　　내일 은행과 우체국에 가겠습니다.
　　　　　明天去银行和邮局。

▶ ~하고

和'~와/과'具有同样的功能，但不随名词有无收音而变化，主要用于口语。

> 보기　가게에서 비누하고 과자를 샀습니다.
> 在店铺里买肥皂和点心了。
>
> 집에 아버지하고 어머니가 계십니다.
> 家里有爸爸和妈妈。
>
> 생일에 선물하고 카드를 받았습니다.
> 过生日时收到了礼物和贺卡。

~지 않다　不~

是陈述句和疑问句的否定式，表示主观否定。用于谓词词干后，相当于汉语的"不~"。

> 보기　아침에는 밥을 먹지 않습니다.
> 早上不吃饭。
>
> 요즘 바쁘지 않습니다.
> 最近不忙。
>
> 주말에는 일을 하지 않습니까?
> 周末不做事吗?

 模仿练习

보충 단어　补充生词

딸기	草莓	수첩	手册
빵	面包	우유	牛奶
누가	谁	~들	~们

박물관	博物馆	서울	首尔
살다	生活, 住	아프다	疼, 痛
담배를 피우다	抽烟	비가 오다	下雨
술	酒	일기	日记
어제	昨天	생일	生日
눈이 오다	下雪		

1. _____와 / 과 _____.

> 보기   사과 / 딸기 → 사과와 딸기

   1) 교과서 / 사전

   2) 어머니 / 아버지

   3) 오늘 / 내일

   4) 수첩 / 볼펜

   5) 책 / 공책

2. 가 : _____(스) ㅂ니까?

   나 : _____와 / 과 _____(스) ㅂ니다.

> 보기   가 : 언제 쉽니까? (토요일 / 일요일)
> 나 : 토요일과 일요일에 쉽니다.

   1) 아침에 무엇을 먹습니까? (빵 / 우유)

   2) 집에 누가 있습니까? (아내 / 아이들)

   3) 시장에서 무엇을 삽니까? (과일 / 꽃)

   4) 어제 어디에 가셨습니까? (박물관 / 백화점)

   5) 가방 안에 무엇이 있습니까? (공책 / 사전)

제17과 토요일과 일요일에는 가지 않습니다.

3. _____지 않습니다.

> **보기** 서울에서 살다 → 서울에서 살지 않습니다.

1) 오늘은 일하다
2) 집에서 음식을 만들다
3) 한국 신문을 읽다
4) 바쁘다
5) 아프다

4. 가 : _____(스)ㅂ니까?
   나 : 아니오, _____지 않습니다.

> **보기** 회사에서 일하다 → 가 : 회사에서 일합니까?
>   나 : 아니오, 회사에서 일하지 않습니다.

1) 담배를 피우다
2) 요즘 운동을 하다
3) 하숙집에서 살다
4) 비가 오다
5) 오늘 바쁘다

5. _____지 않았습니다.

> **보기** 어제 술을 마시다 → 어제 술을 마시지 않았습니다.

1) 어제 일기를 쓰다
2) 어제 숙제를 하다
3) 아침을 먹다
4) 주말에 친구를 만나다
5) 작년에 여행하다

6. 가 : _____았 / 었 / 였습니까?
   나 : 아니오, _____지 않았습니다.

> 보기 아침에 버스를 타다
> → 가 : 아침에 버스를 탔습니까?
>   나 : 아니오, 아침에 버스를 타지 않았습니다.

1) 어제 시장에 가다
2) 지난주에 회의하다
3) 생일에 선물을 받다
4) 어제 눈이 오다
5) 어제 피곤하다

제 18 과

어렵기 때문에 읽지 않습니다.

짱쯔밍 : 한국 신문을 안 읽으십니까?
张志明 : 不看韩国报吗?

야마다 : 네, 안 읽습니다.
山田 : 是的, 不看。

짱쯔밍 : 왜 읽지 않습니까?
张志明 : 为什么不看?

야마다 : 어렵기 때문에 읽지 않습니다.
山田 : 因为难, 所以不看。

 生词

| 읽다 | 念，看 | 신문 | 报纸 |
| 왜 | 为什么 | | |

 语法

안 ~(부정문) 不~（否定句）

是陈述句和疑问句的否定式，表示主观否定。用于谓词词干前，相当于汉语的"不~"，主要用在口语中。

가다: 안 + 갑니다 → 안 갑니다
숙제를 하다: 숙제를 + 안 합니다 → 숙제를 안 합니다

보기	오늘은 학교에 안 갑니다.	今天不去学校。
	왜 전화를 안 했습니까?	为什么没打电话？
	이 김치는 별로 안 맵습니다.	这泡菜不太辣。

~기 때문에 因为~所以~

连接词尾。用于两个句子中间，表示前一行动是后一行动的原因。后面只能跟陈述句和疑问句，不能出现命令和共同式。相当于汉语的"因为~所以~"。

보기	비가 오기 때문에 집에 있었습니다.	因为下雨，所以在家。
	피곤하기 때문에 택시를 탔습니다.	因为累，所以坐出租了。
	시끄럽기 때문에 창문을 닫았습니다.	因为太吵，所以把窗户关上了。

 模仿练习

보충 단어 补充生词

고기	肉	무겁다	重
값	价格	시험	实验
아르바이트	打工	편리하다	方便
산	山	나쁘다	坏

1. 안 _____(스)ㅂ니다.

   > 보기 술을 마시다 → 술을 안 마십니다.

   1) 편지를 쓰다
   2) 고기를 먹다
   3) 한국 신문을 읽다
   4) 일요일에 문을 열다
   5) 우리 하숙집이 크다

2. 가 : _____(스)ㅂ니까?
   나 : 아니오, 안 _____(스)ㅂ니다.

   > 보기 버스를 타다 → 가 : 버스를 탑니까?
   > 　　　　　　　　　나 : 아니오, 버스를 안 탑니다.

   1) 담배를 피우다
   2) 그 사람이 한국말을 배우다
   3) 아침에 운동을 하다
   4) 가족이 한국에서 살다
   5) 집이 멀다

3. 가 : 안 _____(스)ㅂ니까?
   나 : 네, 안 _____(스)ㅂ니다.
       아니오, _____(스)ㅂ니다.

   > 보기 오늘 친구를 만나다 → 가 : 오늘 친구를 안 만납니까?
   >   나 : 네, 안 만납니다.
   >   아니오, 만납니다.

   1) 한국 음식을 먹다
   2) 숙제를 하다
   3) 집에서 음식을 만들다
   4) 영어를 가르치다
   5) 가방이 무겁다

4. _____기 때문에 _____(스)ㅂ니다.

   > 보기 오늘은 일요일이다 / 학교에 안 가다
   >   → 오늘은 일요일이기 때문에 학교에 안 갑니다.

   1) 값이 싸다 / 많이 샀다
   2) 돈이 없다 / 은행에 가다
   3) 피곤하다 / 집에서 쉬다
   4) 시험이 있다 / 공부하다
   5) 아르바이트를 하다 / 바쁘다

5. 가 : 왜 _____(스)ㅂ니까?
   나 : _____기 때문에 _____(스)ㅂ니다.

> **보기** 가 : 왜 창문을 엽니까? (덥다)
> 나 : 덥기 때문에 창문을 엽니다.

1) 친구 집에 가다 / 친구 생일이다
2) 음식을 많이 만들다 / 손님이 오다
3) 지하철을 타다 / 편리하다
4) 시장에 가다 / 값이 싸다
5) 산에 가지 않다 / 날씨가 나쁘다

기본 외래어 표기

에어컨	air conditioner	아파트	apartment
아르바이트	Arbeit, part time job	버스	bus
커피	coffee	카메라	camera
컴퓨터	computer	크리스마스	Christmas
엘리베이터	elevator	팩스/팩시밀리	facsimile
호텔	hotel	아이스크림	ice cream
주스	juice	메뉴	menu
넥타이	necktie	뉴스	news
파티	party	라디오	radio
쇼핑	shopping	슈퍼마켓	supermarket
텔레비전	television	택시	taxi
비디오	video		

제 19 과

주말에 뭘 하려고 합니까?

재호	:	주말에 뭘 하려고 합니까?
載镐	:	周末想做什么?

수잔	:	등산이나 여행을 가려고 합니다.
秀灿	:	想去登山或去旅行。

재호	:	친구와 같이 가시려고 합니까?
載镐	:	打算和朋友一起去吗?

수잔	:	아니오, 혼자 가려고 합니다.
秀灿	:	不,我想单独去。

 生词

뭘 (무엇을)   什么（'무엇을' 的缩写）   등산   登山
여행   旅行   혼자   自己

 语法

~(으)려고 想要、要、打算

　　连接词尾。用在动词词干后表示意图、计划或打算。相当于汉语的"想要、要、打算"。动词词干有收音时用'~으려고'，无收音时用'~려고'。

보기	한국말을 배우려고 합니다.	想学韩国语。
	제 자동차를 팔려고 합니다.	打算把车卖了。
	지금 밥을 먹으려고 합니다.	现在想吃饭。

~(이)나

　　连接词尾。用在体词或副词后，表示从两种或两种以上的情况中进行选择。相当于汉语的"或者"。动词词干有收音时用'~이나'，无收音时用'~나'。

보기	부산에 갈 때 버스나 기차를 탑니다.
	去釜山时，可以坐汽车或火车。
	아침에는 빵이나 밥을 먹습니다.
	早上吃面包或者吃米饭。
	주말이나 공휴일에 여행을 합니다.
	周末或公休日去旅行。

~ 와/과 같이(함께)

'~와/과'为连格词尾。用于连接同类名词，常和'같이'，'함께'结合使用，有时也与动词一起连用表示"和谁做什么事"。'~하고'也具有同样的功能，不过'~하고'主要用于口语中。

> 보기 나는 일요일에 친구와 같이 시장에 갔습니다.
> 星期天我和朋友去市场了。
>
> 오늘 선생님과 이야기하려고 합니다.
> 今天想和老师谈谈。
>
> 어제 친구하고 함께 식사를 했습니다.
> 昨天和朋友一起吃饭了。

 模仿练习

보충 단어 补充生词

열심히	用心地	한복	韩服
선배	学长，学姐	바지	裤子
비디오	录像，录像机	테니스	网球
골프	高尔夫	치다	打
쇼핑	购物，消费	화장품	化妆品
함께	一起	농구	篮球

1. _____(으)려고 합니다.

> 보기 여행을 하다 → 여행을 하려고 합니다.

1) 주말에 집에서 쉬다
2) 열심히 공부하다
3) 약을 먹다
4) 내일 한복을 입다
5) 저녁에 음식을 만들다

2. 가 : _____(으)시려고 합니까?
   나 : _____(으)려고 합니다.

> 보기 주말에 뭘 하다 / 시장에 가다
>   → 가 : 주말에 뭘 하시려고 합니까?
>   나 : 시장에 가려고 합니다.

1) 무엇을 사다 / 친구 선물을 사다
2) 오늘 저녁에 무엇을 하다 / 영화를 보다
3) 주말에 누구를 만나다 / 선배를 만나다
4) 무엇을 만들다 / 불고기를 만들다
5) 내일 무엇을 입다 / 바지를 입다

3. _____(이)나 _____을/를 _____(스)ㅂ니다.

> 보기 버스 / 지하철 / 타다 → 버스나 지하철을 탑니다.

1) 우유 / 커피 / 마시다
2) 영화 / 비디오 / 보다

3) 테니스 / 골프 / 치다

4) 신문 / 잡지 / 읽다

5) 꽃 / 과일 / 사다

4. 가 : _____에 무엇을 / 누구를 _____(스)ㅂ니까?

　　나 : _____(이)나 _____을 / 를 _____(스)ㅂ니다.

> **보기** 가 : 주말에 무엇을 하십니까? (운동 / 쇼핑)
> 　　　　나 : 운동이나 쇼핑을 합니다.

1) 저녁에 무엇을 보십니까? (책 / 텔레비전)

2) 아침에 무엇을 타십니까? (버스 / 지하철)

3) 아침에 무엇을 잡수십니까? (밥 / 빵)

4) 친구 생일에 무엇을 선물하십니까? (책 / 화장품)

5) 주말에 누구를 만나십니까? (친구 / 선배)

5. _____와 / 과 같이(함께) _____

> **보기** 친구 / 여행을 합니다. → 친구와 같이 여행을 합니다.

1) 부모님 / 식사합니다.

2) 여자 친구 / 영화를 봤습니다.

3) 아저씨 / 이야기했습니다.

4) 친구들 / 농구를 하겠습니다.

5) 선배 / 술을 마시려고 합니다.

6. 가 : 누구와 같이 _____ (으)려고 합니까?

　　나 : _____ 와 / 과 같이 _____ (으)려고 합니다.

> 보기 산에 가다 / 동생 → 가 : 누구와 같이 산에 가려고 합니까?
>   나 : 동생과 같이 산에 가려고 합니다.

1) 테니스를 치다 / 친구
2) 구경하다 / 할아버지
3) 저녁을 먹다 / 가족
4) 사진을 찍다 / 한국 친구
5) 음식을 만들다 / 우리 아이들

제 20 과

운동을 좋아하십니까?

마크 : 운동을 좋아하십니까?
马克 : 您喜欢运动吗?

우안훠 : 네, 좋아합니다. 어제도 테니스를 쳤습니다.
吴安惠 : 是的, 喜欢。昨天还打网球了呢。

마크 : 테니스를 자주 칩니까?
马克 : 您常常打网球吗?

우안훠 : 네, 주말마다 테니스를 치거나 수영을 합니다.
吴安惠: 是的, 每周周末不是打网球便是游泳。

 生词

운동	运动	좋아하다	喜欢
어제	昨天	테니스	网球
치다	打	자주	经常，常常
수영	游泳		

 语法

~거나 或、还是

连接词尾。连接两种或两种以上的动作或状态，而只选择其中的一项。相当于汉语的"或"、"还是"。

> **보기** 주말에는 친구를 만나거나 영화를 봅니다.
> 周末或者与朋友见面或者去看电影。
>
> 노래를 하거나 음악을 들으면 기분이 좋습니다.
> 听歌曲或听音乐心情便会好。
>
> 피곤하거나 아프면 집에서 쉽니다.
> 累了或不舒服就在家休息。

 模仿练习

보충 단어 补充生词

장미꽃	蔷薇	노래	歌曲
싫어하다	讨厌	음악	音乐
방문하다	拜访	가끔	有时
택시	出租车	차	车
물건	东西	자전거	自行车
산책하다	散步		

1. _____을 / 를 좋아합니다.

> 보기 불고기 → 불고기를 좋아합니다.

1) 바다
2) 운동
3) 장미꽃
4) 한국 노래
5) 그 친구

2. 가 : _____을 / 를 좋아하십니까 ?
   나 : 네, _____을 / 를 좋아합니다.
   　　아니오, _____을 / 를 좋아하지 않습니다. / 싫어합니다.

> 보기 등산 → 가 : 등산을 좋아하십니까 ?
> 　　　　　　　나 : 네, 등산을 좋아합니다.
> 　　　　　　　　　아니오, 등산을 좋아하지 않습니다. / 싫어합니다.

1) 여행 (네)

2) 영화 (네)

3) 음악 (네)

4) 커피 (아니오)

5) 술 (아니오)

3. 자주 _____(스)ㅂ니다.

> 보기 등산을 가다 → 등산을 자주 갑니다.

1) 비가 오다

2) 친구를 만나다

3) 편지를 쓰다

4) 한국 음식을 먹다

5) 선생님 댁을 방문하다

4. 가 : 자주 _____(스)ㅂ니까?
   나 : 네, 자주 _____(스)ㅂ니다.
   　　아니오, 가끔 _____(스)ㅂ니다.

> 보기 영화를 보다 → 가 : 영화를 자주 봅니까?
> 　　　　　　　　　나 : 네, 영화를 자주 봅니다.
> 　　　　　　　　　　　아니오, 영화를 가끔 봅니다.

1) 청소를 하다

2) 음식을 만들다

3) 운전을 하다

4) 택시를 타다

5) 술을 마시다

5. _____거나 _____(스)ㅂ니다.

> 보기   편지를 쓰다 / 전화하다 → 편지를 쓰거나 전화합니다.

1) 집에서 쉬다 / 친구를 만나다
2) 신문을 읽다 / 텔레비전을 보다
3) 차를 마시다 / 식사를 하다
4) 여행을 하다 / 고향에 가다
5) 수영을 하다 / 테니스를 치다

6. 가 : _____에 / 에서 무엇을 합니까?
   나 : _____거나 _____(스)ㅂ니다.

> 보기   저녁 / 공부를 하다 / 텔레비전을 보다
> → 가 : 저녁에 무엇을 합니까?
>   나 : 공부를 하거나 텔레비전을 봅니다.

1) 주말 / 쇼핑을 하다 / 집에서 쉬다
2) 아침 / 신문을 읽다 / 운동을 하다
3) 방학 / 아르바이트를 하다 / 여행하다
4) 백화점 / 물건을 사다 / 구경하다
5) 공원 / 자전거를 타다 / 산책하다

REVIEW

Lesson16~Lesson20   제16과~제20과

 阅读练习 1

우리 동네

우리 집은 시내에서 좀 멉니다.
그래서 교통이 좀 불편합니다.
우리 집 앞에 슈퍼마켓이 있습니다.
크지 않지만 아주 친절합니다.
슈퍼마켓 옆에는 식당이 있습니다.
냉면이 맛있기 때문에 가끔 갑니다.
우리 집 근처에 공원이 있습니다.
나무가 많기 때문에 공기가 좋습니다.
저녁 식사 후에 가족과 함께 자주 갑니다.
오늘도 가려고 합니다.

단 어 生词

동네	居住小区	불편하다	不方便
빵집	面包房	나무	树
공기	空气		

연습 문제 练习问题

1. 우리 집은 왜 교통이 불편합니까?
   _____

2. 슈퍼마켓은 어디에 있습니까?
   _____

3. 나는 왜 그 식당에 갑니까?
   _____

4. 공원은 어떻습니까?
   _____

我们小区

我家离市内有点儿远。
所以交通不太方便。
我家旁边有家超市。
虽然不大,但服务态度很好。
商店旁边有一家饭店。
那儿的冷面很好吃,我偶尔去吃。
我家附近还有公园。
公园里树很多,空气也好。
晚饭后,我和我家里人常去那儿。
今天也想去。

 阅读练习 2

신촌? 시청?

손님 : 신청으로 갑시다.
운전수 : 신촌입니까?
손님 : 네.

운전수 : 손님, 다 왔습니다.
손님 : 네, 고맙습니다.
　　　　저… 아저씨, 이 근처에 조선 호텔이 있습니까?
운전수 : 조선 호텔? 조선 호텔은 시청 근처에 있습니다.
손님 : 시청? 신촌도 있고 시청도 있습니까?
운전수 : 그럼요, 다 있습니다.
손님 : 아, 그렇습니까? 그럼, 죄송하지만 시청으로 갑시다.

단어　生 词

| 운전수 | 司机 | 다 | 都 |
| 호텔 | 饭店, 旅馆 | 그럼요 | 是啊, 是的 |

연습 문제 练习问题

1. 손님은 서울을 잘 압니까?
   _____

2. 조선 호텔이 어디에 있습니까?
   _____

3. 운전수는 왜 신촌으로 갔습니까?
   _____

新村？市厅？

客人 ： 去'신청'。
司机 ： 是'신촌'吗?
客人 ： 是的。

司机 ： 先生（小姐），到了。
客人 ： 谢谢，这……师傅，请问附近有朝鲜饭店吗?
司机 ： 朝鲜饭店? 朝鲜饭店在'시청'附近。
客人 ： 市厅? 有'신촌'，还有'시청'?
司机 ： 当然。都有。
客人 ： 啊，是吗? 那么对不起，我们去'시청'吧。

 运用练习

1. 그림을 보고 대답을 쓰십시오.

1) 책상 위에 무엇이 있습니까?
2) 가방은 어디에 있습니까?
3) 연필은 어디에 있습니까?
4) 책상 옆에 무엇이 있습니까?
5) 그림은 어디에 있습니까?

2. 부정문(否定句)으로 대답을 쓰십시오.

1) 이번 주말에 약속이 있습니까?
   ⇨아니오, _____

2) 실례지만, 일본 사람입니까?
   ⇨아니오, _____

3) 어제 그 친구를 만났습니까?
   ⇨아니오, _____

4) 토요일에 수영장에 가시겠습니까?
   ⇨아니오, _____

5) 김진영 씨를 아십니까?
   ⇨아니오, _____

6) 이 노래를 좋아합니까?
   ⇨아니오, _____

3. 두 문장을 한 문장으로 연결하십시오.

> 보기   ~기 때문에,   ~(으)러,   ~지만
>   ~거나,   ~(으)ㄴ 후에, ~기 전에

1) 이 김치가 맵습니다. 맛있습니다.

2) 미국에서 부모님이 한국에 오셨습니다. 학교에 오지 않았습니다.

3) 아침에 일어납니다. 세수를 합니다.

4) 친구 생일 선물을 사겠습니다. 백화점에 갑니다.

5) 식사하십시오. (먼저) 손을 씻으십시오.

6) 일요일에 등산을 합니다. (또는) 친구를 만납니다.

4. 알맞은 의문사 (疑问词) 를 쓰십시오.

> 보기   누가,   언제,   무엇,   왜,   어디,   어느

1) 가: 하숙집이 (   )에 있습니까?
   나: 지하철 역 근처에 있습니다.

2) 가: 식당에서 (   )을 잡수십니까?
   나: 냉면이나 비빔밥을 먹습니다.

3) 가: (   ) 주말마다 산에 갑니까?
   나: 제 동생이 주말마다 산에 갑니다.

4) 가: (   ) 전화하지 않으셨습니까?
   나: 시간이 없었기 때문에 전화하지 않았습니다.

5) 가: (   ) 시장에서 그 가방을 사셨습니까?
   나: 동대문 시장에서 샀습니다.

6) 가: (   ) 빵을 만들려고 합니까?
   나: 토요일 저녁에 만들려고 합니다.

1. 다음 이야기를 듣고 질문에 대답하십시오.

    1) 이 사람은 누구와 같이 삽니까?

    2) 할머니는 왜 가지 않습니까?

    3) 할머니는 집에서 무엇을 하시려고 합니까?

2. 그림을 보고 질문에 대답하십시오.

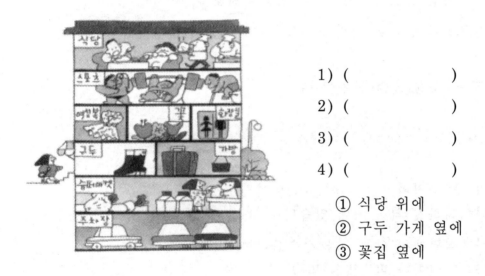

1) (　　　　　)

2) (　　　　　)

3) (　　　　　)

4) (　　　　　)

① 식당 위에
② 구두 가게 옆에
③ 꽃집 옆에

3. 다음 이야기를 듣고 맞는 것을 고르십시오.

    1) 하숙집이 지하철 역에서 (멉니다./ 멀지 않습니다.)

    2) 지금 우리 하숙집에는 여학생이 (있습니다./ 없습니다.)

    3) 이 사람은 한국 음식을 (잘 먹습니다./ 안 먹습니다.)

    4) 1주일 후에 여학생이 (옵니다./ 오지 않습니다.)

제21과

지금 무엇을 하고 있습니까?

제임스 : 학생들이 지금 무엇을 하고 있습니까?
杰姆斯 : 学生们现在在做什么?

은주 : 교실에서 한국말 공부를 하고 있습니다.
银珠 : 正在教室学习韩国语呢。

제임스 : 누가 가르치고 있습니까?
杰姆斯 : 谁在教?

은주 : 김 선생님이 가르치고 있습니다.
银珠 : 金老师在教。

 生词

| 학생 | 学生 | 교실 | 教室 |
| 누가 | 谁 | 가르치다 | 教 |

 语法

~고 있다 正在~

用于动词词干后，表示动作正在进行中。相当于汉语'正在~'。
'~고 있다'的敬称是'~계시다'

보기
아이가 자고 있습니다.
孩子正在睡觉。

스티브 씨는 지금 신문을 읽고 있습니다.
史蒂夫正在看报。

요즘 도서관에서 아르바이트를 하고 있습니다.
最近在图书馆打工。

 模仿练习

보충 단어 补充生词

놀다	玩	여행사	旅行社
태권도	跆拳道	운전하다	开车
컴퓨터	电脑		

제21과 지금 무엇을 하고 있습니까?

1. _____고 있습니다.

   > 보기   전화를 하다 → 전화를 하고 있습니다.

   1) 아이가 자다
   2) 손님을 기다리다
   3) 식사 준비를 하다
   4) 회의를 하다
   5) 목욕하다

2. 가 : _____이 / 가 _____고 있습니까?
   나 : 네, _____고 있습니다.
   　　 아니오, _____고 있지 않습니다. _____고 있습니다.

   > 보기   김 선생님 / 일을 하다 / 쉬다
   > → 가 : 김 선생님이 일을 하고 있습니까?
   > 　　나 : 네, 일을 하고 있습니다.
   > 　　　　 아니오, 일을 하고 있지 않습니다. 쉬고 있습니다.

   1) 아이들 / 놀다 / 자다
   2) 학생들 / 공부하다 / 이야기하다
   3) 다나카 씨 / 책을 읽다 / 신문을 읽다
   4) 가족들 / 일본에서 살다 / 미국에서 살다
   5) 제인 씨 / 은행에서 일하다 / 여행사에서 일하다

3. 가 : _____고 있습니까?
   나 : _____고 있습니다.

> 보기 사람들이 무엇을 하다 / 노래하다
> → 가 : 사람들이 무엇을 하고 있습니까?
> 나 : 노래하고 있습니다.

1) 무엇을 배우다 / 태권도
2) 영수 씨가 무엇을 하다 / 편지를 쓰다
3) 누구를 기다리고 있다 / 친구들
4) 누가 운전하다 / 아저씨
5) 정수미 씨는 어디에서 일하다 / 컴퓨터 회사

4. 가 : 누가 _____(스)ㅂ니까?
   나 : _____이 / 가 _____(스)ㅂ니다.

> 보기 가르치다 / 박 선생님 → 가 : 누가 가르칩니까?
>   나 : 박 선생님이 가르칩니다.

1) 집에 있다 / 어머니
2) 아프다 / 마틴 씨
3) 놀고 있다 / 아이들
4) 전화했다 / 조영미 씨
5) 어제 술을 마셨다 / 저

제 22 과

누구한테서 편지를 받았습니까?

| 재호 | : | 누구한테서 편지를 받았습니까? |
| 载镐 | : | 收到谁的来信了? |

| 스즈키 | : | 어제 친구에게서 편지를 받았습니다. |
| 铃木 | : | 昨天收到朋友的来信了. |

| 재호 | : | 그 친구에게 언제 답장을 쓰겠습니까? |
| 载镐 | : | 什么时候给朋友回信? |

| 스즈키 | : | 오늘 저녁에 쓰겠습니다. |
| 铃木 | : | 今天晚上。 |

 生词

편지	信	받다	收到，接
답장	回信	쓰다	写
오늘	今天	저녁	晚上

 语法

~에게서 / 한테서

位格词尾。用于活动体名词以及人称代词之后，表示行动发生的地点（出发点、来源、活动的地点）。'한테서'只用于口语，'에서'表示场所。

> 보기 친구에게서 그 소식을 들었습니다.
> 从朋友那儿听到了这消息。
>
> 누구한테서 카드를 받았습니까?
> 从哪儿得到的卡片？
>
> 미국에서 전화가 왔습니다.
> 美国来电话了。

~에게 / 한테

与格词尾。用于活动体名词之后，表示动作涉及的对象。'~께'用于所尊敬的对象。'~에'用于表示场所的非活动体名词之后。

> 보기 한국 사람에게 영어를 가르칩니다.
> 教韩国人英语。
>
> 언제 부모님께 편지를 썼습니까?
> 什么时候给父母写的信？

제22과 누구한테서 편지를 받았습니까?

회사에 전화했습니다.
给公司打电话了。

 模仿练习

보충 단어 补充生词

형	哥哥	비디오 테이프	录像带
빌리다	借	팩스	传真
애인	恋人, 情人	소개를 받다	接到介绍
질문하다	提问	연락하다	联系
보내다	送, 寄	물어 보다	问问
주다	给	일본말	日语

1. _____에게서 / 한테서 _____(스)ㅂ니다.

    친구 / 선물을 받았다 → 친구에게서 선물을 받았습니다.

   1) 정 선생님 / 배우다
   2) 부모님 / 전화가 왔다
   3) 형 / 카드가 왔다
   4) 친구 / 비디오 테이프를 빌렸다
   5) 그분 / 팩스를 받았다

2. 가 : 누구한테서 _____(스)ㅂ니까?
   나 : _____한테서 _____(스)ㅂ니다.

   > 보기 전화가 왔다 / 친구 → 가 : 누구한테서 전화가 왔습니까?
   >   나 : 친구한테서 전화가 왔습니다.

   1) 한국말을 배우다 / 한국 친구
   2) 꽃을 받았다 / 애인
   3) 편지가 왔다 / 동생
   4) 책을 빌렸다 / 미국 친구
   5) 소개를 받았다 / 선배

3. _____에게 / 한테 _____(스)ㅂ니다.

   > 보기 형 / 편지를 쓰다 → 형에게 편지를 씁니다.

   1) 아내 / 이야기하다
   2) 선생님 / 질문하다
   3) 친구 / 연락을 했다
   4) 가족들 / 선물을 보내겠다
   5) 한국 사람 / 물어 보겠다

4. 가 : 누구한테 _____ (스)ㅂ니까?
   나 : _____ 한테 _____ (스)ㅂ니다.

   > 보기 선물을 주었다 / 동생 → 가 : 누구한테 선물을 주었습니까?
   >   나 : 동생한테 선물을 주었습니다.

   1) 일본말을 가르치다 / 한국 친구
   2) 편지를 보내려고 하다 / 선생님

3) 연락을 하겠다 / 친구들
4) 전화를 했다 / 가족
5) 이야기를 했다 / 하숙집 친구들

동물(动物)

개

고양이

소

돼지

토끼

말

호랑이

닭

쥐

제23과

한국 텔레비전을 보세요?

량위링 : 한국 텔레비전을 보세요?
梁玉玲 : 看韩国电视吗?

다나카 : 네, 9시 뉴스를 가끔 봐요.
田中 : 看, 有时看九点新闻。

량위링 : 뉴스를 듣기가 어떻습니까?
梁玉玲 : 听新闻怎么样?

다나카 : 좀 힘들지만 재미있어요.
田中 : 有点难, 但有意思。

 生词

텔레비전	电视	보다	看
뉴스	新闻	가끔	有时
듣다	听	좀	有点
힘들다	难		

 语法

~아/어/여요

　　终结词尾。能用于陈述形、疑问形、命令形、共动形。'~(스)ㅂ니다' '~(스)ㅂ니까' '~(으)십시오' '~(으)ㅂ시다' 主要用于正式公文，'~아/어/여요' 主要用于日常会话。

▶ 词尾的变化和过去时态一样，谓词词干最后的元音为 '아/오' 时，用 '~아요'，其他的用 '~어요'，'하다' 与 '~여요' 作为特殊情况连用，缩写为 '~해요'。

　　가다: 가 + 아요 → 가요
　　오다: 오 + 아요 → 와요
　　재미있다: 재미있 + 어요 → 재미있어요
　　공부하다: 공부하 + 여요 → 공부하여요 → 공부해요

▶ 动词词干和尊敬词尾 '~(으)시' 一起出现时变为 '~(으)세요'。

보기	내일 누구를 만나세요?	明天和谁见面？
	부모님께서 고향에서 사세요.	父母亲住在老家。
	안녕히 주무세요.	晚安。

'ㄷ'불규칙 동사   'ㄷ'不规则动词

词干以'ㄷ'收音的动词叫做'ㄷ不规则动词'。当它出现在以元音开始的词尾前时，'ㄷ'将变成'ㄹ'，当作不规则形处理。

▶ 不过'닫다'，'받다'等也有当作规则形来处理的，这应根据体会去记。

原形	~(으)십시오	~아/어/여요	~았/었/였어요
듣다	들으십시오	들어요	들었어요
묻다	물으십시오	물어요	물었어요
걷다	걸으십시오	걸어요	걸었어요
*닫다	닫으십시오	닫아요	닫았어요

> 보기　이 음악을 들으세요.　　　请听这音乐。
> 　　　어제 공원에서 걸었어요.　　昨天在公园散步了。
> 　　　*이 꽃을 받으세요.　　　　请收下这花儿。

~기

名词形词尾。用于谓词词干后，使谓词名词化，具有名词的性质。后面常有'좋다, 쉽다, 어렵다, 재미있다, 편리하다'等词呼应。

> 보기　이 차는 운전하기가 쉽습니다.
> 　　　驾驶这车很容易。
>
> 　　　글씨가 작기 때문에 읽기가 어렵습니다.
> 　　　字小，看起来吃力。
>
> 　　　이 컴퓨터는 사용하기가 편리합니다.
> 　　　这电脑使用很方便。

 模仿练习

보충 단어 补充生词

중국말	汉语，中文	불편하다	不方便
다니다	来往	괜찮다	没关系

1. _____아 / 어 / 여요.

   > 보기 부산에 가다 → 부산에 가요.

   1) 텔레비전을 보다
   2) 하숙집에서 살다
   3) 맥주를 마시다
   4) 불고기가 맛있다
   5) 친구에게 전화하다

2. _____(으)세요?

   > 보기 선물을 사다 → 선물을 사세요?

   1) 피곤하다
   2) 한국 노래를 좋아하다
   3) 잡지를 읽다
   4) 김지영 씨를 알다
   5) 무엇을 듣다

3. 가 : _____(으)세요?
   나 : 네, _____아 / 어 / 여요.
   　　아니오, _____지 않아요.

   > 보기 오늘 친구를 만나다 → 가 : 오늘 친구를 만나세요?
   > 　　　　　　　　　　　　　나 : 네, 오늘 친구를 만나요.
   > 　　　　　　　　　　　　　　　아니오, 오늘 친구를 만나지 않아요.

   1) 한국 텔레비전을 보다 (네)
   2) 영어를 가르치다 (아니오)
   3) 한국 신문을 읽다 (네)
   4) 요즘 운동을 하다 (네)
   5) 집에서 김치를 만들다 (아니오)

4. _____기가 어떻습니까?

   > 보기 한국말을 공부하다 → 한국말을 공부하기가 어떻습니까?

   1) 서울에서 살다
   2) 컴퓨터를 배우다
   3) 한국 사람과 이야기하다
   4) 서울에서 운전하다
   5) 중국말을 가르치다

5. 가 : _____기가 어떻습니까?
   나 : _____지만 _____아 / 어 / 여요.

> **보기** 회사에서 일하다 / 어렵다 / 재미있다
> → 가 : 회사에서 일하기가 어떻습니까?
> 　　나 : 어렵지만 재미있어요.

1) 수영을 배우다 / 피곤하다 / 재미있다

2) 아르바이트하다 / 힘들다 / 재미있다

3) 하숙집에서 살다 / 불편하다 / 재미있다

4) 학교에 다니다 / 멀다 / 괜찮다

5) 한국 음식을 만들다 / 복잡하다 / 재미있다

제24과

이 옷이 얼마예요?

리사	:	어제 이 옷을 남대문 시장에서 샀어요.
丽莎	:	这衣服是昨天在南大门市场买的。
미영	:	실례지만, 이 옷이 얼마예요?
美英	:	对不起,多少钱?
리사	:	삼만 오천 원이에요.
丽莎	:	35000元。
미영	:	값도 싸고 색깔도 예뻐요.
美英	:	不贵,颜色也好。

 生词

옷	衣服	얼마	多少
사다	买	~원	~元（货币单位）
값	价格	싸다	便宜
색깔	颜色	예쁘다	好看，漂亮

 语法

~고

连接词尾，表示并列。

> 보기　낮에는 일하고 밤에는 공부를 합니다.
> 白天工作，晚上学习。
>
> 동생은 영어를 배우고 저는 일본말을 배웁니다.
> 弟弟学习英语，我学习日语。
>
> 그 사람은 멋있고 친절합니다.
> 那个人既漂亮又亲切。

'—' 불규칙 동사　'—' 不规则动词

　　动词、形容词词干的结束音为元音'—'的谓词叫'—不规则动词'。当它出现在以元音开头的词尾之前时，'—'脱落，当作不规则形来处理。

제24과 이 옷이 얼마예요?

原形	~아/어/여요	~았/었/였어요
쓰다	써요	썼어요
끄다	꺼요	껐어요
예쁘다	예뻐요	예뻤어요
바쁘다	바빠요	바빴어요
아프다	아파요	아팠어요

보기 어제 친구에게 편지를 썼어요.
昨天给朋友写信了。

에어컨을 꺼요.
关空调。

요즘 회사 일 때문에 아주 바빠요.
最近因为公司的事很忙。

 模仿练习

보충 단어 补充生词

자동차	汽车	시골	乡村, 农村
소설책	小说	월급	月薪, 工资
휴일	休息日	조용하다	安静
깨끗하다	干净	머리	头
목	脖子	멋있다	漂亮
편하다	方便, 舒服	바람이 불다	吹风, 刮风
슬프다	悲痛, 伤心		

1. _____았/었/였어요.

> **보기** 어제 친구를 만나다 → 어제 친구를 만났어요.

175

1) 잘 자다
2) 10년 전에 시골에서 살다
3) 어제 술을 마시다
4) 어제 소설책을 읽다
5) 어제 음악을 듣다

2. 가 : _____(으)셨어요?
   나 : 네, _____았 / 었 / 였어요.
   　　아니오, _____지 않았어요.

> **보기**　아침에 빵을 잡수시다 → 가 : 아침에 빵을 잡수셨어요?
> 　　　　　　　　　　　　　　　나 : 네, 아침에 빵을 먹었어요.
> 　　　　　　　　　　　　　　　　아니오, 아침에 빵을 먹지 않았어요.

1) 많이 기다리다
2) 아침에 운동하다
3) 어제 월급을 받다
4) 자동차를 팔다
5) 어제 일기를 쓰다

3. _____이에요.
   _____예요.

> **보기**　내일은 휴일이다 → 내일은 휴일이에요.

1) 지금 3시이다
2) 이 사람은 제 친구이다
3) 오만 이천 원이다
4) 저는 캐나다 사람이다
5) 이것은 한국 음식이 아니다

4. 가 : _____이에요? / _____예요?
　 나 : 네, _____이에요. / _____예요.
　　　아니오, _____이 / 가 아니예요.

> 보기　가 : 오늘이 생일이에요?
> 　　　나 : 네, 오늘이 생일이에요.
> 　　　　　아니오, 오늘이 생일이 아니예요.

1) 이 책이 교과서이다
2) 그 사람이 중국 사람이다
3) 저분이 사장님이다
4) 여기가 명동이다
5) 지금 점심 시간이다

5. _____고 _____(스)ㅂ니다.

> 보기　싸다 / 좋다 → 싸고 좋습니다.

1) 쉽다 / 재미있다
2) 조용하다 / 깨끗하다
3) 맵지 않다 / 맛있다
4) 공부도 잘하다 / 운동도 잘하다
5) 머리도 아프다 / 목도 아프다

6. 가 : _____이 / 가 어떻습니까?
　 나 : _____고 _____(스)ㅂ니다.

> 보기 한국말 공부 / 쉽다 / 재미있다
> → 가 : 한국말 공부가 어떻습니까?
>   나 : 쉽고 재미있습니다.

1) 백화점 / 크다 / 좋다
2) 식당 / 깨끗하다 / 조용하다
3) 다나카 씨 / 친절하다 / 멋있다
4) 하숙집 / 가깝다 / 편하다
5) 날씨 / 비도 오다 / 바람도 불다

7. 'ㅡ' 동사 연습

   가 : _____(스)ㅂ니까?
   나 : 네, _____아 / 어 / 여요.

> 보기 동생에게 편지를 쓰다 → 가 : 동생에게 편지를 씁니까?
>   나 : 네, 동생에게 편지를 써요.

1) 하숙집이 크다
2) 오늘 바쁘다
3) 배가 고프다
4) 장미가 아주 예쁘다
5) 그 영화가 슬프다

어디로 갈까요?

아베 : 배가 고픕니다. 점심 먹으러 갈까요?
阿贝 : 肚子饿了。去吃饭怎么样?

왕리쭝 : 네, 그럽시다.
王立中 : 好啊。走吧。

아베 : 어디로 갈까요?
阿贝 : 去哪儿好呢?

왕리쭝 : 서울 식당의 음식이 맛있습니다. 거기로 갑시다.
王立中 : 汉城饭店不错。去那儿吧。

단어 生词

배가 고프다	肚子饿	점심	午饭
먹다	吃	그렇다	那样
서울	汉城	식당	食堂
음식	菜，饭	맛있다	好吃
거기	那儿		

문법 语法

▶ ~(으)ㄹ까요?

终结词尾。表示自己的意图，希望听者共同行动的疑问形。主要用于劝告和提议。相当于汉语的"你觉得~"，"~怎么样"。这时主语只能是第一人称的复数形，回答时用'~(으)ㅂ시다'，或者用'~지 맙시다'。

보기　(우리가) 저녁에 같이 식사할까요?
　　　晚上一起吃饭怎么样?

　　　(우리가) 여기에서 사진을 찍을까요?
　　　在这儿照相好吗?

　　　(우리가) 이 노래를 같이 들을까요?
　　　一起听这歌曲怎么样?

▶ ~지 맙시다

是共动形终结词尾'~(으)ㅂ시다'的否定形。命令形和共动形的否定形是加'~지 말다'。'~지 말다'和'~(으)ㅂ시다'结合在一起便成了'~지 맙시다'。

> 보기 날씨가 춥습니다. 오늘 가지 맙시다.
> 天气冷，今天不要去了。
> 오늘은 피곤합니다. 운동하지 맙시다.
> 今天累，我们不要运动了。
> 교통이 복잡합니다. 버스를 타지 맙시다.
> 交通很复杂，不要坐公共汽车。

~(으)로

造格词尾。用于方位名词后，表示行动的去向和目标。名词有收音时用'~로'，无收音时用'~으로'。

> 보기 학교로 갑시다.   去学校吧。
> 오른쪽으로 가십시오.   向右走。
> 앞으로 오십시오.   上前来。

 模仿练习

보충 단어 补充生词

퇴근	下班	노래를 부르다	唱歌
켜다	打开，开	시키다	让
초대하다	接待，邀请	이번	这次
설악산	雪岳山（山名）	이쪽	这边
저쪽	那边	제주도	济州岛（地名）
한식집	韩食饭馆	인천	仁川（地名）
하와이	夏威夷（地名）		

1. _____(으)ㄹ까요?

> 보기 점심 먹으러 가다 → (우리 같이) 점심 먹으러 갈까요?

   1) 퇴근 후에 영화를 보다
   2) 내일 오후에 만나다
   3) 택시를 타다
   4) 여기에서 사진을 찍다
   5) 같이 한국 음식을 만들다

2. _____지 맙시다.

> 보기 술을 마시다 → 술을 마시지 맙시다.

   1) 그 영화를 보다
   2) 버스를 타다
   3) 그 노래를 부르다
   4) 여기에서 기다리다
   5) 교실에서 담배를 피우다

3. 가 : _____(으)ㄹ까요?
   나 : 네, _____(으)ㅂ시다.
   　　 아니오, _____지 맙시다.

> 보기 텔레비전을 켜다 → 가 : 텔레비전을 켤까요?
> 　　　　　　　　　　　　나 : 네, 텔레비전을 켭시다.
> 　　　　　　　　　　　　　　　아니오, 텔레비전을 켜지 맙시다.

   1) 김 선생님에게도 연락하다

2) 일요일에 같이 테니스를 치다

3) 여기에서 기다리다

4) 맥주를 시키다

5) 여기에서 사진을 찍다

4. 가 : _____(으)ㄹ까요?

　　나 : _____(으)ㅂ시다.

> **보기** 무엇을 시키다 / 불고기 → 가 : 무엇을 시킬까요?
> 　　　　　　　　　　　　　　　　나 : 불고기를 시킵시다.

1) 누구를 초대하다 / 친구들

2) 언제 만나다 / 이번 주말

3) 어디에 가다 / 설악산

4) 시장에서 무엇을 사다 / 과일

5) 무엇을 준비하다 / 한국 음식

5. _____(으)로 _____ .

> **보기** 시청 앞 / 갑시다 → 시청 앞으로 갑시다.

1) 이쪽 / 오십시오.

2) 앞 / 오십시오.

3) 저쪽 / 가십시오.

4) 집 / 가겠습니다.

5) 위 / 가십시오.

6. 가 : _____(스)ㅂ니까?
   나 : _____(으)로 갑니다.

> 보기 가 : 어디로 갑니까? (시내)
>   나 : 시내로 갑니다.

1) 어디로 여행을 가겠습니까? (제주도)
2) 점심 시간에 어디로 가려고 합니까? (한식집)
3) 이 지하철이 어디로 갑니까? (인천)
4) 수업 후에 어디로 갑니까? (회사)
5) 작년에 어디로 여행을 갔습니까? (하와이)

Lesson21~Lesson25 REVIEW 제21과~제25과

 阅读练习 1

경주 여행

나는 지난 연휴 때 친구들과 같이 경주에 갔다 왔습니다.
친구가 경주에서 결혼식을 했기 때문에 경주에 갔습니다.
경주에 가기 전에 친구한테서 경주 이야기를 많이 들었습니다.
그리고 서점에서 안내책과 지도를 샀습니다.
경주는 옛날 신라 시대의 수도였기 때문에 관광지가 많습니다.
결혼식을 본 후에 여기저기를 구경했습니다.
불국사에도 가고, 석굴암에도 갔습니다.
불국사에는 석가탑과 다보탑이 있습니다.
그리고 신라 시대의 왕릉도 많습니다.
친구한테서 역사 이야기도 들었습니다.
경주에서 여행도 하고 역사 공부도 했기 때문에 아주 즐거웠습니다.

단어 生词

경주	庆州（地名）	연휴	年休
~때	~时候	갔다 오다	去了回来了
결혼식	婚礼	그리고	又，而且
안내책	说明书	지도	地图
옛날	以前	신라	新罗
시대	时代	수도	首都
관광지	旅游地	여기저기	这儿那儿
불국사	佛国寺（古迹名）	석굴암	石窟庵（古迹名）
석가탑	释迦塔（古迹名）	다보탑	多宝塔（古迹名）
왕릉	帝陵	즐겁다	高兴

연습 문제 练习问题

1. 언제 경주에 갔습니까?
_____

2. 나는 왜 경주에 갔습니까?
_____

3. 경주에 가기 전에 서점에서 무엇을 샀습니까?
_____

4. 경주에 무엇이 있습니까?
_____

庆州旅行

上次年休,我和朋友去庆州旅行了。
因为朋友在那儿举行婚礼。
去之前,我从朋友那儿听到了很多有关庆州的故事。
我自己也去书店买了介绍书和地图。
庆州是以前新罗时代的首都,在那儿有很多旅游胜地。
婚礼结束后我去了不少地方,如佛国寺、石窟庵。
佛国寺里有释迦塔和多宝塔。
在庆州,新罗时代的帝陵也不少。
朋友讲了很多历史故事。
在庆州我看了很多地方,也学到了历史知识,真是特别高兴。

 阅读练习 2

물건 사기

가게 주인 : 어서 오세요.
손님　　 : 요즘 어느 노래가 인기가 있어요?
가게 주인 : 누가 들으려고 해요?
손님　　 : 제가 들으려고 해요.
가게 주인 : 이 노래 테이프가 어떻습니까? 곡도 좋고 가사도 재미있어요.
손님　　 : 이 가수가 노래를 잘 부릅니까?
가게 주인 : 네, 노래도 잘 부르고 춤도 잘 춰요.
손님　　 : 얼마예요?
가게 주인 : 5,000원이에요.
손님　　 : 네, 좋아요. 이 테이프를 주세요.

단어 单词

주언	主人	어서 오세요	欢迎光临
인기	受欢迎	노래 테이프	磁带
곡	曲子	가수	歌手
가사	歌词	춤을 추다	跳舞

연습 문제 练习问题

1. 손님은 무엇을 사려고 해요?
   _____

2. 누가 들으려고 해요?
   _____

3. 노래 테이프는 어때요?
   _____

4. 노래 테이프는 얼마예요?
   _____

买东西

老板 ： 欢迎光临。
客人 ： 现在流行什么歌曲？
老板 ： 谁想听？
客人 ： 我想听。
老板 ： 这盒怎么样？曲子也好，歌词也有意思。
客人 ： 这歌手唱得好吗？
老板 ： 是的，歌曲唱得好，舞也跳得不错。
客人 ： 多少钱？
老板 ： 5000元。
客人 ： 好吧。买这盒吧。

 运用练习

1. 알맞은 조사(词尾)를 골라 쓰십시오.

   보기 ~에,   ~에서,   ~에게/한테,   ~에게서/한테서
         ~와/과, ~마다,   ~도,   ~(으)로

   1) 내일 오후 한 시(   ) 시청 앞(   ) 친구를 만나려고 합니다.
   2) 제 생일(   ) 친구(   ) 선물을 받았습니다.
   3) 독일 친구(   ) 편지를 썼습니다.
   4) 저쪽(   ) 가십시오.
   5) 어제 시장에서 야채(   ) 과일을 샀습니다. 고기(   ) 샀습니다.
   6) 요즘 날(   ) 비가 옵니다.

2. 그림을 보고 대답을 쓰십시오.

   1) 아버지는 무엇을 하고 있습니까?
   _____

   2) 누가 노래를 하고 있습니까?
   _____

3) 어머니는 무엇을 하고 있습니까?
_____

4) 누가 춤을 추고 있습니까?
_____

5) 고양이는 무엇을 하고 있습니까?
_____

3. 빈 칸을 채우십시오.

	~아/어/여요	~(스)ㅂ니다	~았/었/였습니다
알다	1)	2)	알았습니다
만들다	만들어요	3)	4)
듣다	5)	6)	들었습니다
쓰다	써요	7)	8)
바쁘다	9)	10)	바빴습니다

4. 보기와 같이 문장을 바꾸십시오.

> 보기   한국 사람<u>입니다</u>.
>   ⇨ 한국 사람<u>이에요</u>.

1) 저는 학생이 <u>아닙니다</u>.

2) 친구와 함께 다방에서 이야기를 <u>합니다</u>.

3) 그 식당은 값도 싸고 <u>맛있습니다</u>.

4) 주말에는 회사에 가지 <u>않습니까</u>?

5) 길이 복잡하기 때문에 지하철을 <u>탔습니다</u>.

6) 주말에 우리 집에 놀러 <u>오십시오</u>.

 听力练习

1. 다음 대화를 듣고 빈 칸을 채우십시오.

    손님: 이 꽃은 (   )

    주인: 1,000원이에요.

    손님: 그래요? 저 꽃도 아주 (   ) 저것은 얼마예요?

    주인: 저것은 700원이에요.

    손님: 그럼 저 꽃을 (   ) 주세요. 그런데 꽃 이름이 뭐예요?

    주인: 꽃 이름은 장미예요. 누구에게 (   )

    손님: 친구 생일에 주려고 해요.

    주인: 네. 그래요? 여기 있습니다.

2. 다음 그림을 보고 대답하십시오.

    1)

    2)

    3)

3. 다음 문장을 듣고 맞는 답을 고르십시오.

1) 친구에게서 / 친구에게,   받겠습니다. / 받았습니다.

2) 달마다 / 날마다,   노래를 들어요. / 노래를 들으세요.

3) 10월 4일 / 11월 3일,   아주 바빴습니다. / 아주 바쁘었습니다.

4) 제주도로 / 제주도러,   놀로 / 놀러

부록

附录

연습 문제 해답

제1과 ~ 제5과

읽기 연습 1 - 우리 가족

1. 한국 역사를 가르칩니다.
2. 요리를 잘합니다.

읽기 연습 2 - 소개

1. 잘 지냅니다.
2. 한국말을 가르칩니다.
3. 아니오, 회사원입니다.

쓰기 연습

1. 가다   :   1) 가십니까?   2) 가십시오
   기다리다 :   3) 기다립니다   4) 기다리십시오
   공부하다 :   5) 공부합니다   6) 공부하십니까?
   읽다   :   7) 읽으십니까?   8) 읽으십시오
   먹다   :   9) 먹습니다   10) 잡수십시오
   자다   :   11) 잡니다   12) 주무십니까?

2. 1) 가   2) 을   3) 는   4) 를   5) 은   6) 가, 을

3. 1) ① 우산   ② 우유
   2) ① 사과   ② 사전
   3) ① 창문   ② 신문
   4) ① 전화   ② 화장실

4. 1) 버스를 탑니다.
   2) 친구를 만납니다.
   3) 편지를 씁니다.
   4) 커피를 마십니다.
   5) 영화를 봅니다.
   6) 노래를 합니다.

듣기 연습

1. 다음 단어들을 듣고 공통된 발음을 고르십시오.
   1) 치마, 김치, 치약
   2) 어머니, 어디, 영어
   3) 점심, 백화점, 서점

2. 다음 문장을 듣고 문장 안에 있는 단어를 고르십시오.
   1) 아이입니다.
   2) 동생이 잡니다.
   3) 꽃을 삽니다.

3. 그림을 보고 그림과 같으면 ○, 다르면 ×를 하십시오.
   1) 여기가 병원입니다.
   2) 의사 선생님이 남자입니다.
   3) 의사 선생님이 전화를 합니다.

해 답

1. 1) ②   2) ①   3) ②
2. 1) ①   2) ①   3) ③
3. 1) ○   2) ×   3) ×

제6과 ~ 제10과

읽기 연습 1 - 생일

1. 5월 9일입니다.
2. 우리 집에서 생일 파티를 했습니다.
3. 선물을 받았습니다.

읽기 연습 2 - 여의도 공원

1. 날씨가 참 좋았습니다.
2. 여의도에 갔습니다.
3. 자전거를 탔습니다. 꽃도 구경했습니다.

쓰기 연습

1. 1) 네, 주스가 있습니다.
   2) 네, 수박이 있습니다. / 네, 수박도 있습니다.
   3) 아니오, 바나나가 없습니다. / 아니오, 바나나는 없습니다.
   4) 아니오, 맥주가 없습니다. / 아니오, 맥주는 없습니다.
   5) 네, 계란이 많습니다.
   6) 아니오, 사과가 조금 있습니다.

2. 1) 에서 2) 에서 3) 에 4) 에서 5) 에, 에 6) 에, 에서

3. 1) 네, 어제 수영을 했습니다.
   2) 지난 목요일에 친구를 (부모님을, 선생님을) 만났습니다.
   3) 네, 아침에 신문을 읽었습니다.
   4) 네, 일요일에 영화를 봤습니다.

4. 1) 날씨가 덥습니다.   2) 날씨가 춥습니다.
   3) 방이 더럽습니다.   4) 방이 깨끗합니다.
   5) 가방이 큽니다.   6) 가방이 작습니다.
   7) 영화가 재미있습니다. 8) 영화가 재미없습니다.

듣기 연습

1. 달력을 보고 알맞은 답을 고르십시오.
   1) 10월 11일에 무엇이 있습니까?
   2) 10월 20일은 누구 생일입니까?
   3) 10월 30일에는 어디에 갑니까?

2. 다음 이야기를 듣고 빈 칸을 채우십시오.
   오늘은 5월 30일입니다.
   (6월 3일에) 부산에 여행을 갑니다.
   작년에는 광주에 (갔지만) 이번에는 부산에 갑니다.
   부산에 제 친구가 있습니다. 그 친구를 만납니다.
   그 친구는 여자입니다.
   대학교에서 중국말을 공부합니다.
   그 친구는 아주 (예쁩니다.)

3. 다음 대화를 듣고 맞으면 ○, 틀리면 ×를 하십시오.
   윌리엄 : 여기가 대사관입니까?
   박성미 : 아니오, 대사관이 아닙니다. 도서관입니다.
   윌리엄 : 여기에서 무엇을 합니까?
   박성미 : 책을 읽습니다. 공부도 합니다.
   윌리엄 : 이 도서관이 어떻습니까?
   박성미 : 작지만 사람이 많습니다.

   1) 여기는 대사관입니다.
   2) 여기에서 책을 읽습니다.
   3) 도서관이 큽니다.

해 답

1. 1) ①   2) ②   3) ②
2. 6월 3일에, 갔지만, 예쁩니다
3. 1) ×   2) ○   3) ×

제11과 ~ 제15과

읽기 연습 1 - 남동생

1. 제 남동생이 키가 큽니다.
2. 아니오, 뚱뚱하지 않습니다.
3. 아니오, 안경을 쓰지 않습니다.

읽기 연습 2 - 전화

1. 아니오, 지금 하숙집에 없습니다.
2. 학교 도서관에서 아르바이트를 합니다.
3. 아르바이트를 4시간 합니다.

쓰기 연습

1. 1) 도서관에 갑니다.   책을 읽으러 갑니다. (공부하러 갑니다.)
   2) 극장에 갑니다.   영화를 보러 갑니다.
   3) 다방에 갑니다.   친구를 만나러 갑니다.
   4) 식당에 갑니다.   점심을 먹으러 갑니다. (식사하러 갑니다.)

2. 1) <u>유월 십일일</u>
   2) <u>여덟</u> 시간
   3) <u>십</u> 층
   4) <u>스무 살</u>
   5) <u>삼삼사   육이구사</u>

3. 1) 권   2) 벌   3) 잔   4) 명   5) 장   6) 번

4. 1) 아홉 시부터 한 시까지 한국말을 배웁니다.
   2) 아르바이트를 세 시간 삼십 분(=반) 합니다.
   3) 아홉 시부터 열한 시까지 TV를 봅니다.
   4) 숙제를 한 시간 합니다.
   5) 여섯 시 삼십 분(=반)에 일어납니다.
   6) 일곱 시간 삼십 분(=반) 잡니다.

듣기 연습

1. 다음 문장을 듣고 문장 안에 있는 단어를 고르십시오.
   1) 언제 학교에 갔습니까?
   2) 한국말이 쉽습니다.
   3) 그 일본 학생이 점심을 먹으러 갔습니다.

2. 다음 문장을 듣고 문장 안에 있는 말을 고르십시오.
   1) 날마다 여덟 시 이십 분에 일어납니다.
   2) 백십오 번 버스를 탑니다.

3. 다음 이야기를 듣고 알맞은 답을 고르십시오.
   이야기 - 어제 친구 생일이었습니다. 친구 집에서 파티를 했습니다. 선물을 했습니다. 맥주를 마셨습니다. 이야기도 했습니다. 6시부터 9시까지 친구 집에 있었습니다. 재미있었습니다.

   1) 친구 생일이 언제였습니까?
   2) 어디에서 파티를 했습니까?
   3) 친구 집에 몇 시간 있었습니까?

해 답

1. 1) ②   2) ②   3) ①
2. 1) ③   2) ②
3. 1) ①   2) ③   3) ①

제16과 ~ 제20과

읽기 연습 1 - 우리 동네

1. 시내에서 멀기 때문에 교통이 불편합니다.
2. 우리 집 앞에 있습니다.
3. 냉면이 맛있기 때문에 갑니다.
4. 나무가 많기 때문에 공기가 좋습니다.

읽기 연습 2 - 신촌? 시청?

1. 아니오, 잘 모릅니다.
2. 시청 근처에 있습니다.
3. 손님의 발음이 나빴기 때문에 신촌으로 갔습니다.

쓰기 연습

1. 1) 책상 위에 시계와 라디오와 휴지가 있습니다.
   2) 가방은 책상 아래에 있습니다.
   3) 연필은 책상(서랍) 안에 있습니다.
   4) 책상 옆에 전화가 있습니다.
   5) 그림은 전화 위에 있습니다.

2. 1) 이번 주말에 약속이 없습니다.
   2) 일본 사람이 아닙니다.
   3) 어제 그 친구를 만나지 않았습니다.
   4) 토요일에 수영장에 가지 않겠습니다.
   5) 김진영 씨를 모릅니다.
   6) 이 노래를 좋아하지 않습니다. / 싫어합니다.

3. 1) 이 김치는 맵지만 맛있습니다.
   2) 미국에서 부모님이 한국에 오셨기 때문에 학교에 오지 않았습니다.
   3) 아침에 일어난 후에 세수를 합니다.
   4) 친구 생일 선물을 사러 백화점에 갑니다.
   5) 식사하기 전에 손을 씻으십시오.
   6) 일요일에 등산을 하거나 친구를 만납니다.

4. 1) 어디   2) 무엇   3) 누가   4) 왜   5) 어느   6) 언제

듣기 연습

1. 다음 이야기를 듣고 질문에 대답하십시오.

   제 이름은 김영희입니다. 11살입니다. 저는 부모님과 할머니와 같

이삽니다. 이번 토요일에는 부모님과 같이 산에 가려고 합니다. 아버지는 산을 아주 좋아하십니다. 요즘은 날씨가 따뜻하기 때문에 산이 정말 좋습니다.
할머니도 산을 좋아하지만 다리가 아프기 때문에 가시지 않습니다. 할머니는 집에서 텔레비전을 보거나 책을 읽으시려고 합니다.

1) 이 사람은 누구와 같이 삽니까?
2) 할머니는 왜 가지 않습니까?
3) 할머니는 집에서 무엇을 하시려고 합니까?

2. 그림을 보고 질문에 대답하십시오.
1) 가방 가게 옆에서 무엇을 팝니까?
2) 스포츠 센터 위에 무엇이 있습니까?
3) 슈퍼마켓 아래에 무엇이 있습니까?
4) 화장실이 어디에 있습니까?

3. 다음 이야기를 듣고 맞는 것을 고르십시오.

저는 외국인입니다. 하숙집에서 삽니다. 우리 하숙집은 신촌에 있습니다. 지하철 역에서 멀지 않습니다. 하숙집에는 주인집 가족과 하숙생 일곱 명이 삽니다. 하숙생들은 남학생입니다. 여학생은 없습니다. 그렇지만 1주일 후에 여학생이 한 명 옵니다. 우리는 그 여학생을 기다립니다. 하숙집 사람들은 재미있습니다. 하숙집 음식은 맵지만 저는 잘 먹습니다.

1) 하숙집이 지하철 역에서 (멉니다. / 멀지 않습니다.)
2) 지금 우리 하숙집에는 여학생이 (있습니다. / 없습니다.)
3) 이 사람은 한국 음식을 (잘 먹습니다. / 안 먹습니다.)
4) 1주일 후에 여학생이 (옵니다. / 오지 않습니다.)

해 답
1. 1) 부모님과 할머니와 같이 삽니다.
   2) 다리가 아프기 때문에 가지 않습니다.
   3) 텔레비전을 보거나 책을 읽으시려고 합니다.

2. 1) 구두를 팝니다.
2) 식당이 있습니다.
3) 주차장이 있습니다.
4) ③

3. 1) 멀지 않습니다.
2) 없습니다.
3) 잘 먹습니다.
4) 옵니다.

제21과 ~ 제25과

읽기 연습 1 - 경주 여행

1. 지난 연휴 때 경주에 갔습니다.
2. 친구가 경주에서 결혼식을 했기 때문에 경주에 갔습니다.
3. 안내책과 지도를 샀습니다.
4. 불국사, 석굴암, 석가탑, 다보탑, 신라 시대의 왕릉이 있습니다.

읽기 연습 2 - 물건 사기

1. 노래 테이프를 사려고 해요.
2. 이 손님이 들으려고 해요.
3. 곡도 좋고 가사도 재미있어요.
4. 5,000원(오천 원)이에요.

쓰기 연습

1. 1) 에, 에서   2) 에, 에게서(=한테서)   3) 에게(=한테)
   4) 으로   5) 와, 도   6) 마다

2. 1) 아버지는 피아노를 치고 있습니다.
   2) 아들이 노래를 하고 있습니다.
   3) 어머니는 웃고 있습니다.

4) 딸이 춤을 추고 있습니다.
5) 고양이는 자고 있습니다.

3. 알다 : 1) 알아요 2) 압니다
   만들다 : 3) 만듭니다 4) 만들었습니다
   듣다 : 5) 들어요 6) 듣습니다
   쓰다 : 7) 씁니다 8) 썼습니다
   바쁘다 : 9) 바빠요 10) 바쁩니다

4. 1) 저는 학생이 <u>아니예요</u>.
   2) 친구와 함께 다방에서 이야기를 <u>해요</u>.
   3) 그 식당은 값도 싸고 <u>맛있어요</u>.
   4) 주말에는 회사에 가지 <u>않아요</u>?
   5) 길이 복잡하기 때문에 지하철을 <u>탔어요</u>.
   6) 주말에 우리 집에 놀러 <u>오세요</u>.

듣기 연습

1. 다음 대화를 듣고 빈 칸을 채우십시오.

   손님 : 이 꽃은 (얼마예요?)
   주인 : 1,000원이에요.
   손님 : 그래요? 저 꽃도 아주 (예뻐요.) 저것은 얼마예요?
   주인 : 저것은 700원이에요.
   손님 : 그럼 저 꽃을 (열두 송이) 주세요. 그런데 꽃 이름이 뭐예요?
   주인 : 꽃 이름은 장미예요. 누구에게 (선물하려고 해요?)
   손님 : 친구 생일에 주려고 해요.
   주인 : 네. 그래요? 여기 있습니다.

2. 그림을 보고 대답하십시오.
   이야기 - 여기는 지하철 안입니다. 김영수 씨는 지금 회사에 가고 있습니다.
   지하철 안에는 사람이 많습니다. 김영수 씨 앞에는 아저씨가 계십니다.

아저씨는 신문을 읽고 있습니다. 아저씨 옆에는 아주머니가 자고 있습니다.
그 아주머니 옆에 학생도 있습니다. 학생은 책을 읽고 있습니다.

1) 김영수 씨가 어디에 가고 있습니까?
2) 누가 자고 있습니까?
3) 학생은 무엇을 하고 있습니까?

3. 다음 문장을 듣고 맞는 답을 고르십시오.
1) 어제 친구에게서 전화를 받았습니다.
2) 저는 날마다 한국 노래를 들어요.
3) 11월 3일은 부모님의 생일이었기 때문에 아주 바빴습니다.
4) 이번 주말에 친구와 같이 제주도로 놀러 가려고 합니다.

해 답

1. 얼마예요? 예뻐요, 12(열두) 송이, 선물하려고 해요.

2. 1) 김영수 씨는 회사에 가고 있습니다.
   2) 아주머니가 자고 있습니다.
   3) 책을 읽고 있습니다.

3. 1) 친구에게서, 받았습니다.　　2) 날마다, 노래를 들어요.
   3) 11월 3일, 아주 바빴습니다.　　4) 제주도로, 놀러

단어 색인

가

~가	40	5과
가게	52	6과
가깝다	122	16과
가끔	147	20과
가다	16	1과
가르치다	23	2과
가방	35	4과
가족	103	14과
값	135	18과
같이	102	14과
~개	87	11과
거기	109	15과
겨울	109	15과
결혼을 하다	65	8과
계시다	16	1과
고기	135	18과
고향	65	8과
골프	141	19과
공부	74	10과
공부하다	18	1과
공원	123	16과
공책	41	5과
공항	65	8과
과일	59	7과
과자	103	14과
과장님	97	13과
괜찮다	170	23과
교과서	40	5과
교수님	23	2과
교실	35	4과
구경하다	103	14과
구두	29	3과
~권	87	11과
그~	35	4과
그것	40	5과
그럼	70	9과
그렇다	180	25과
극장	59	7과
근처	122	16과
금요일	128	17과
기다리다	19	1과
기분	74	10과
길	122	16과
김치	75	10과
~까지	108	15과
깨끗하다	175	24과
~께서	22	2과
꽃	41	5과

끝나다	92	12과

나

나라	70	9과
나쁘다	135	18과
날	86	11과
날씨	74	10과
남대문	122	16과
남동생	53	6과
남자	75	10과
남편	23	2과
내년	65	8과
내일	96	13과
냉면	53	6과
냉장고	41	5과
네	16	1과
~년	97	13과
노래	147	20과
노래를 부르다	181	25과
놀다	158	21과
농구	141	19과
누가	129	17과
누구	34	4과
눈이 오다	130	17과
뉴스	109	15과
~는	28	3과

다

다니다	170	23과
다방	59	7과
다시	96	13과
다음	65	8과
닦다	97	13과
~달	85	8과
달력	41	5과
담배	53	6과
담배를 피우다	129	7과
답장	162	22과
대학교	97	13과
댁	97	13과
덥다	74	10과
~도	52	6과
도서관	59	7과
도착하다	109	15과
독일	71	9과
돈	53	6과
동생	23	2과
뒤	123	16과
듣다	168	23과
~들	129	17과
들다	123	16과
등산	140	19과
딸	23	2과
딸기	129	17과

라

라디오	53	6과

마

~마다	86	11과

마시다	19	1과
만나다	19	1과
만들다	123	16과
맛있다	74	10과
맥주	53	6과
맵다	75	10과
머리	175	24과
먹다	19	1과
멀다	122	16과
멋있다	175	24과
며칠	65	8과
~명	87	11과
몇~	65	8과
목	175	24과
목요일	128	17과
목욕하다	97	13과
무겁다	135	18과
무엇	41	5과
문	41	5과
물건	147	20과
물어 보다	163	22과
뭘(무엇을)	140	19과
미국 사람	29	3과
~미터	109	15과

바

바다	87	11과
바람이 불다	175	24과
바쁘다	103	14과
바지	141	19과
박물관	130	17과
반	87	11과
반갑다	28	3과
받다	53	6과
밤	92	12과
밥	97	13과
방문하다	147	20과
방학	109	15과
배	52	6과
배가 고프다	103	14과
배우다	19	1과
백화점	59	7과
버스	97	13과
버스 정류장	123	16과
~벌	87	11과
병원	59	7과
보내다	163	22과
보다	19	1과
보통	128	17과
복잡하다	74	10과
볼펜	53	6과
뵙다	28	3과
부모님	22	2과
부산	59	7과
부인	23	2과
부장님	23	2과
부치다	103	14과
~부터	108	15과
~분(~位)	34	4과
분(~分)	92	12과
불고기	41	5과
불편하다	170	23과
비가 오다	130	17과
비디오	141	19과
비디오 테이프	163	22과
비빔밥	74	10과

비싸다	75	10과
비행기	92	12과
빌리다	163	22과
빵	129	17과

사

사과	52	6과
사다	18	1과
사무실	103	14과
사장님	23	2과
사전	41	5과
사진	65	8과
산	135	18과
산책하다	147	20과
~살	92	12과
살다	130	17과
색깔	174	24과
생일	130	17과
생활	75	10과
서울	130	17과
서점	103	14과
선물	41	5과
선배	141	19과
선생님	23	2과
선풍기	53	6과
설악산	181	25과
세수하다	97	13과
소개를 받다	163	22과
소설책	175	24과
소주	53	6과
손님	109	16과
손	97	13과

쇼핑	141	19과
수업	108	15과
수영	146	20과
수영하다	97	13과
수요일	128	17과
수첩	129	17과
숙제	87	11과
숫자	65	8과
술	130	17과
쉬다	65	8과
쉽다	75	10과
슈퍼마켓	123	16과
슬프다	175	24과
~시	92	12과
~시간(小时)	86	11과
시간(時间)	53	6과
시계	29	3과
시골	175	24과
시내	58	7과
시작하다	92	12과
시장	59	7과
시청	122	16과
시청역	59	7과
시키다	181	25과
시험	135	18과
식당	59	7과
식사	59	7과
신문	41	5과
실례지만	92	12과
싫어하다	147	20과
싸다	75	10과
쓰다	19	1과
~씨	23	2과
씻다	97	13과

아

단어	쪽	과
아내	34	4과
아니다	70	9과
아니오	70	9과
아들	23	2과
아래	123	16과
아르바이트	135	18과
아버지/아버님	23	2과
아이	23	2과
아저씨	122	16과
아주	123	16과
아주머니	52	6과
아침	65	8과
아파트	75	10과
아프다	130	17과
안(里, 內)	123	16과
안 ~	134	18과
안경	41	5과
안녕하다	16	1과
안녕히	16	1과
앉다	19	1과
알다	123	16과
앞	123	16과
애인	163	22과
야채	65	8과
약	109	15과
약속	53	6과
어느	70	9과
어디	58	7과
어떻게	22	2과
어떻다	74	10과
어렵다	74	10과
어머니/어머님	23	2과
어제	129	17과
언니	53	6과
언제	64	8과
얼마	174	24과
없다	52	6과
~에	58	7과
~에서	58	7과
에어컨	53	6과
엘리베이터	123	16과
여기	97	13과
여덟	96	11과
여동생	53	6과
여름	87	11과
여자	35	4과
여행	87	11과
여행사	158	21과
연락하다	163	22과
연습하다	103	14과
연필	53	6과
열다	123	16과
열심히	141	19과
영국	70	9과
영어	41	5과
영화	41	5과
옆	123	16과
예쁘다	75	10과
오늘	65	8과
오다	18	1과
오빠	53	6과
오전	92	12과
오후	65	8과
옷	35	4과
왜	134	18과
요일	128	17과

요즘	22	2과		입다	19	1과
우리	35	4과		있다(有, 在)	23	2과
우유	129	17과				
우체국	59	7과				
운동	146	20과		**자**		
운동하다	19	1과				
운동화	53	6과		자다	19	1과
운전하다	158	21과		자동차	175	24과
~원	174	24과		자전거	147	20과
~월	64	8과		자주	146	20과
월급	175	24과		작년	65	8과
월요일	128	17과		작다	75	10과
위	123	16과		~잔	87	11과
은행	59	7과		잘	22	2과
음식	71	9과		잡수시다	19	1과
음악	147	20과		잡지	41	5과
의자	29	3과		장미꽃	147	20과
이~(这)	34	4과		재미있다	74	10과
이(牙)	97	13과		저(我)	29	3과
이것	40	50		저~(这)	34	4과
~이다	28	3과		저것	40	5과
이름	28	3과		저녁	65	8과
이번	181	25과		저쪽	181	25과
이야기하다	103	14과		전	92	12과
이쪽	181	25과		~전에	96	13과
인천	181	25과		전화	65	8과
~일	64	8과		점심	180	25과
일기	130	17과		제	29	3과
일본말	163	22과		제주도	181	25과
일본 사람	29	3과		조금	97	13과
일어나다	92	12과		조용하다	175	24과
일요일	128	17과		좀	168	23과
일하다	59	7과		좋다	74	10과
읽다	18	1과		좋아하다	103	14과

~주	65	8과
주다	163	22과
주말	65	8과
주무시다	19	1과
주일	97	13과
준비	97	13과
중국말	170	23과
중국 사람	29	3과
지금	92	12과
지난~	65	8과
지내다	22	2과
지하철	41	5과
질문하다	163	22과
집	35	4과
찍다	65	8과

차

차	147	20과
창문	53	6과
책	35	4과
책상	29	3과
처음	28	3과
청소를 하다	65	8과
초대하다	181	25과
춥다	75	10과
치다	141	19과
친구	23	2과
친절하다	75	10과

카

카드	53	6과
캐나다	71	9과
커피	87	11과
컴퓨터	158	21과
켜다	181	25과
~켤레	87	11과
크다	74	10과

타

타다	19	1과
태권도	158	21과
택시	147	20과
테니스	141	19과
텔레비전	53	6과
토요일	128	17과
퇴근	181	25과

파

팔다	123	16과
팩스	163	22과
편리하다	135	18과
편지	41	5과
편하다	175	24과
프랑스	71	9과
피곤하다	75	10과

하

하다	23	2과
하숙집	59	7과

하와이	181	25과		~호	71	9과
학교	59	7과		호주	71	9과
학생	23	2과		혼자	140	19과
학원	59	7과		화요일	128	17과
한국말/한국어	40	5과		화장실	92	12과
한국 사람	29	3과		화장품	141	19과
한복	141	19과		회사	64	8과
한식집	181	25과		회사원	29	3과
할머니	35	4과		회의	87	11과
할아버지	23	2과		휴가	109	15과
함께	141	19과		휴일	175	24과
해	87	11과		힘들다	168	23과
형	163	22과				

Review 단어 색인

가사	188	꽃집	156	소개	46
가수	188	나무	150	송이	205
가족	44	나이	117	수도	186
갔다 오다	186	남학생	103	수박	81
걸다	114	노래 테이프	188	스포츠 센터	203
결혼식	186	다	152	신라 시대	186
경주	186	다르다	112	아름답다	80
계란	81	다리	203	안내책	186
계획표	118	다보탑	186	어서 오세요	188
고맙다	114	대사관	84	여기저기	186
고양이	191	대학생	112	여보세요?	114
곡	188	더럽다	82	여성복	156
곧	50	동네	150	여의도	79
공기	150	따뜻하다	202	여학생	156
공원	79	~때	186	역사	44
공휴일	84	뚱뚱하다	112	연휴	186
관광지	186	많다	80	옛날	186
광주	84	바나나	81	오이	50
교통	80	~번	117	왕릉	186
귀엽다	45	불국사	186	외국인	203
그럼요	152	빵집	150	요리하다	45
그렇습니다	114	사랑하다	45	우산	48
그렇지만	112	서랍	202	우표	117
그리고	186	석가탑	186	운전수	152
꼭	50	석굴암	186	웃다	204

의사	197	주인	188	층	117
이야기	77	주차장	156	치마	197
인기	188	중학생	45	치약	197
잘못	114	즐겁다	186	케이크	77
~장	117	지도	186	키가 크다	112
재미없다	81	짜다	50	파티하다	77
전화 번호	117	차다	50	피아노	204
정말	102	참	79	하숙생	157
죄송하다	114	찾다	114	호텔	152
주스	81	춤을 추다	188	휴지	202